O Encanto das Magias e Imantações Ciganas

Elizabeth da Cigana Núbia

O Encanto das Magias e Imantações Ciganas

MADRAS

© 2016, Madras Editora Ltda.

Editor:
Wagner Veneziani Costa

Produção e Capa:
Equipe Técnica Madras

Revisão:
Silvia Massimini Felix
Arlete Genari
Jerônimo Feitosa

Dados Internacionais de Catalogação na Publicação (CIP)
(Câmara Brasileira do Livro, SP, Brasil)

Núbia, Elizabeth da Cigana
   O encanto das magias e imantações ciganas/
Elizabeth da Cigana Núbia. – São Paulo:
Madras, 2016.

   ISBN 978-85-370-0855-3

   1. Encantamentos 2. Esoterismo 3. Magia cigana
4. Ocultismo 5. Rituais I. Título.

13-05632   CDD-133.44

Índices para catálogo sistemático:
1. Encantamento ciganos: Ocultismo 133.44

É proibida a reprodução total ou parcial desta obra, de qualquer forma ou por qualquer meio eletrônico, mecânico, inclusive por meio de processos xerográficos, incluindo ainda o uso da internet, sem a permissão expressa da Madras Editora, na pessoa de seu editor (Lei nº 9.610, de 19.2.98).

Todos os direitos desta edição reservados pela

MADRAS EDITORA LTDA.
Rua Paulo Gonçalves, 88 — Santana
CEP: 02403-020 — São Paulo/SP
Caixa Postal: 12183 — CEP: 02013-970
Tel.: (11) 2281-5555 — Fax: (11) 2959-3090
www.madras.com.br

Agradecimentos

Agradeço a Deus pelo dom da minha vida, pela companhia dos meus amigos espirituais que estão sempre ao meu lado orientando-me e dando-me toda proteção necessária aos meus trabalhos espirituais.

Agradeço à Madras Editora por acreditar e me apoiar, dando-me a chance de publicar meus livros; desejo a essa família muita luz, paz e muito amor.

Aos meus clientes e amigos queridos que confiam no meu trabalho e que tanto torcem pelo meu progresso e pela minha felicidade.

Agradeço às estrelas do Céu, à força da Lua, à Chuva, à Mãe Terra, à Água, ao calor do Sol, enfim, obrigada a toda a Natureza.

Obrigada, meu Deus, pela minha Vida que eu amo!

Agradecimento Especial

Agradeço primeiramente a Deus por me permitir ser mãe das duas criaturas mais lindas e iluminadas deste meu mundo. Falo de minhas filhas Monaliza e Vanessa Aparecida.

Monaliza

Com seu modo sério de ser, que se mostra forte como uma leoa, mas tão sensível como uma pétala de rosa, é uma menina que hoje se faz mulher e que somente me trouxe amor neste mundo como filha, amiga, conselheira e uma estrela que brilha na minha vida, fazendo meus dias mais lindos e iluminados.

Filha, você é o orgulho que toda mãe deveria ter na vida.

Você é realmente um dos motivos dos dias mais felizes que tive na minha vida e um deles foi quando você nasceu.

Eu já havia me apaixonado por você dentro do meu ventre, mas quando você nasceu e trocamos o primeiro olhar, foi ali que tive a certeza de que o dom maior das nossas vidas é a vida que sai de dentro de nós, nossos filhos.

Obrigada, minha filha, por ter me escolhido para ser sua mãe, obrigada pelo seu amor, carinho e atenção que me fazem sentir mais segura.

TE AMO!

Vanessa

Minha segunda filha também é motivo de me fazer uma das mulheres mais felizes deste mundo. Vanessa nasceu pequenininha, ao contrário de Monaliza, que nasceu enorme. Uma menina que parecia uma bonequinha.

Quando criança, tinha ciúmes enormes de mim, não gostava que ninguém se aproximasse muito.

Deu-me um susto quando adoeceu, mas Deus a manteve junto de mim, para minha alegria e vontade de viver ainda mais.

Hoje Vanessa é uma mulher que, depois de tantas lutas, é também meu orgulho maior de ser mãe de uma criatura de tão lindo coração.

Uma pessoa linda que ama e respeita o ser humano de uma forma muito forte, uma mulher corajosa, lutadora, não tem medo de nada, vai à luta e sempre sai vencedora porque acredita no seu próprio ser e no Deus maravilhoso que a protege.

Vanessa é amiga, filha e quase minha mãe, pois me aconselha e me acompanha, nunca me deixa sozinha.

Obrigada, minha filha, por me permitir e me fazer tão feliz como sua mãe e por ser minha melhor amiga.

Sou apaixonada por você, minha filha.

TE AMO!

Índice

Meu Propósito 11
Oração a Santa Sara Kali 13
Oração à Cigana Núbia 15
Oração à Cigana Mayara 17
Oração à Lua Cheia 19
Oração ao Sol 21
Oração ao Fogo 23
Oração a Santo Antônio Guardião do Amor 25
Oração a São Pedro para Comprar a Casa Própria 27
Encantamentos Ciganos 29
O Encanto das Magias Ciganas 31
Magias para Saúde, Abertura de Caminhos e
Prosperidade 55
Magias para Abertura de Caminhos Profissionais 59
Resolvendo Problemas 69
Magias para Afastar Inimigos dos Nossos Caminhos ... 73
Magia das Velas 83
Imantações 89
Banhos 101
Chás 107
Bebidas 113

Talismãs 115
Os Sete Ensinamentos Ciganos 121
Os 12 Mandamentos Ciganos 123
Dias Comemorativos dos Ciganos 125
Frases para Meditar 127
Conselhos e Dicas dos Ciganos 129
Homenagem 131

Meu Propósito

O propósito deste livro é poder passar aos leitores os ensinamentos dos costumes ciganos para aqueles que são ciganos de sangue, de alma, de corpo, de coração, de afinidades, que nasceram no Oriente, no Ocidente, na Europa ou nas montanhas, na mata, perto dos rios e mares.

Não importa se são ou não ciganos, porque o que importa mesmo é ser simplesmente cigano e aprender respeitar a si mesmo como cigano.

O mais importante é sentir, por meio das canções ciganas, o coração bater forte, o semblante mudar e o suor da emoção descer no rosto, passando o brilho da alegria e do amor cigano.

O que importa mesmo é ser cigano, ser filho de Deus, da natureza, dos ventos, anunciando a mais linda canção de amor.

Usar o brilho e o mistério do olhar, deixar a vida acontecer, viver intensamente aquele momento.

Vida de cigano é simplesmente viver feliz, mesmo que a dor bata na porta do coração.

Continuar vivendo com alegria, sorrir mesmo que seja um sorriso triste, mas sorrir.

Ser cigano é viver o agora, e o depois só quando chegar.

Por isso, transmito a esses ciganos um pouco do que aprendi e que me é de grande alegria passar adiante para aqueles que confiam e acreditam nesse povo que, mesmo sofrido, sabe levar a alegria por todos os lugares, deixando saudades e ensinamentos de vida, porque o que os habitantes desta terra estão precisando é de homens e mulheres felizes, ciganos ou não ciganos.

Que Santa Sara Kali abençoe e cubra todos com seu manto de amor.

Elizabeth da Cigana Núbia

Oração
a Santa Sara Kali

Santa Sara, minha mãe protetora que estás sempre ao meu lado, eu agradeço por todas as alegrias de minha vida, por eu ser uma pessoa tão feliz diante da misericórdia de Deus.

Peço-te, pelas forças das águas, pelo brilho dos cristais, conserva em mim toda a alegria que sinto por ser tua protegida; e permitas, com tua proteção, que eu ajude a todos que me procurarem com uma palavra de amor e de carinho.

Que eu nunca seja ambiciosa ou vaidosa por receber de ti o carinho da fé que me faz forte e capaz de ajudar os que precisam.

Que eu não deixe de ajudar os menos favorecidos, ensinando que pela fé tudo se consegue dentro do merecimento de cada um.

Estás sempre ao meu lado, Santa Sara, guiando-me, amparando-me e ensinando-me a cada dia como ajudar o próximo.

Aquece-me com teu manto, reveste-me com tua grandeza.

Que o brilho das estrelas e da Lua possa iluminar meus caminhos, minha vida e a vida daqueles que em ti confiam.

Que o calor do Sol aqueça todos os corações com amor, e que sejamos todos abençoados e iluminados com a luz do teu doce semblante.

Amém!
Salve, Santa Sara Kali!

Elizabeth da Cigana Núbia

Oração à Cigana Núbia

Minha cigana Núbia, peço-te que em nome de Deus, pela sua força, poder e bondade, protege-me.
Ilumina meus caminhos e ajuda-me por meio dessa luz a encontrar a paz que tanto procuro.
Traze-me amor, prosperidade, saúde e dinheiro.
Faze-me trilhar em solo firme e fértil.
Mostra-me o caminho da verdade, com a direção certa ao encontro das realizações dos meus objetivos.
Ajuda-me nas minhas necessidades em nome de Deus e da força do povo cigano.
Cigana Núbia, que o brilho do teu olhar ilumine minha caminhada.
Estende-me tuas mãos e caminha sempre ao meu lado, para que todos possam ver e sentir em mim tua presença em todos os instantes da minha vida.
Assim seja.

Elizabeth da Cigana Núbia

Oração à Cigana Mayara

Minha cigana Mayara, venho pedir-te neste momento de incertezas e de sofrimentos que intercedas a Deus por mim.

Tenho passado por atribulações e preciso que meus caminhos se abram para que, mesmo por meio das lutas, eu tenha a vitória e os meus desejos realizados.

Cigana Mayara, sabe que podes me ajudar pela bondade que espalha por todo lugar que estás.

Traze-me o sucesso do trabalho, do amor, e retira de meus caminhos os inimigos que tentam me derrotar.

Com a força dos sete punhais que trazes contigo, corta todo mal dos meus caminhos e me dá a sorte de encontrar o verdadeiro e eterno amor.

Afasta de mim as pessoas invejosas e sem caráter que queiram me induzir ao mal e traze-me a sorte de ser uma pessoa feliz e realizada.

Por Santa Sara Kali, ajuda-me, cigana Mayara, não me deixes mais cair na tristeza, trazendo-me a alegria do povo cigano para encantar minha vida de felicidades e de paz.

Ajuda-me a conquistar o brilho das estrelas, o calor do Sol, a claridade da Lua e a força que tem o povo cigano trazendo-me o amor para me fazer feliz, o trabalho para o pão de cada dia e meus caminhos abertos para o progresso espiritual e material.

Cigana Mayara, faze que eu nunca perca a força de lutar e vencer, porque eu confio na força do povo cigano.

Que o brilho e a força dos seus sete punhais sejam a abertura dos meus caminhos e da minha vitória.

Que eu possa sempre contar com tua proteção e tua presença na minha vida. Que assim seja!

Salve a cigana Mayara.

Elizabeth da Cigana Núbia

Oração à Lua Cheia (chunutu)

Coloque-se perante a Lua em local reservado, mantenha seus pensamentos em Deus e faça a seguinte oração à Lua Cheia:

Lua sagrada, manto de luz, ilumina meus caminhos, minha vida e meu coração.

Ilumina minha mente para que eu somente tenha pensamentos positivos.

Enriquece minha vida com o brilho que ilumina as noites escuras neste mundo do meu Deus.

Faze, minha mãe Lua, que a cada fase que chega eu tenha força, coragem e sabedoria para vencer as batalhas da minha vida e, ao chegar à tua fase, eu possa sentir toda a alegria da vida, por tantas batalhas vencidas na força de tua luz.

Mãe Lua, brilha, brilha minha caminhada, mostra-me sempre o caminho da luz para que eu possa ir ao encontro da minha felicidade.

Lua, luar, luão, não deixa que ninguém magoe meu coração.

Que o brilho que vem de ti ofusque os olhos dos meus inimigos para que eles não me vejam e assim não cruzem meus caminhos de luz.

Dai-me sabedoria, percepção e me faz cada dia mais feminina e iluminada.

Que a riqueza do amor, da saúde e da prosperidade me dê uma vida de alegria, chegando a cada fase mais e mais na minha vida por todo o sempre.
Amém.

Elizabeth da Cigana Núbia

Oração ao Sol (kan)

Senhor Jesus, peço-te, na força do Sol que aquece e ilumina o dia, que me faças forte para a luta.

Faze que eu sinta vibrar dentro de mim a força de uma energia forte e iluminada, e que eu possa vencer todos os obstáculos que porventura trilhar nos meus caminhos.

Sol, força universal, ilumina-me, transpassa-me e coloca em mim todas as energias de amor e de luz.

Aquece a terra, o mundo, mas aquece também os corações frios e sem amor, fazendo assim que neles desabrochem a força do amor verdadeiro.

Sol, força, calor, mistério, energia, invadam meu coração e o torna mais feliz na força do teu poder.

Abençoa meu dia, abençoa minha vida, ilumina meus caminhos e me faz forte, cheia de coragem nas lutas do meu caminhar.

Que eu possa vencer todos os obstáculos com amor e sabedoria, e ao chegar ao fim do dia, eu possa agradecer pela força do teu calor, e da claridade que ilumina meus dias. Assim seja.

Amém.

Elizabeth da Cigana Núbia

Oração ao Fogo (jag)

Fogo divino, fogo sagrado, aqui estou na tua presença para pedir que queimes todo mal que estiver nos meus caminhos e na minha vida.

Queima todas as mazelas, e queima as forças dos meus inimigos para que eles não me façam mal algum.

Livra-me das doenças, livra-me dos perigos, ilumina meus caminhos com suas sagradas labaredas.

Leva até o céu, através da tua fumaça, meus pedidos de misericórdia a Deus Pai Todo-Poderoso.

Salamandras, que a força das tuas labaredas que bailam nas cores vivas do fogo queime todos e quaisquer obstáculos dos meus caminhos.

Fogo divino, fogo sagrado, livra-me de todo mal, e que eu nunca sinta frio, pois estarei sempre aquecida com o poder do fogo que há de sempre me proteger.

Assim seja.

Elizabeth da Cigana Nubia

Oração a Santo Antônio Guardião do Amor

Meu amado e querido Santo Antônio, peço-te com toda fé que tenho em ti que abras meus caminhos para que eu possa encontrar alguém que preencha o vazio do meu coração.

Com teu abençoado cordão que trazes na tua cintura, prende (fulano) a mim para que ele venha nas minhas mãos, faça parte da minha vida e não saiba viver longe de mim.

Faze assim, meu Santo do Divino amor, que eu possa realmente amar e ser amada sem prejudicar ninguém, e que possamos viver juntos uma vida de amor, amizade, respeito, lealdade e muita cumplicidade.

Santo Antônio, faze que nosso amor seja abençoado por Deus, e que o Senhor possa ser nosso padrinho protetor de uma união eterna e muito feliz.

Que em nossa casa haja harmonia, paz e muita alegria, para que todos que nos visitarem possam sentir em nós a verdadeira presença do amor.

Assim sendo, na certeza de que o Senhor vai me atender em nome de Deus, deixo meu agradecimento.

Obrigada, meu Santo Antônio protetor dos enamorados, por mandar para mim a felicidade junto do grande amor da minha vida.
Assim seja!

Elizabeth da Cigana Núbia

Oração a São Pedro para Comprar a Casa Própria

Amado e querido São Pedro, quero por meio desta prece pedir ao Senhor que interceda junto a Deus para que eu possa ter condições e merecimento de ter minha casa própria.

Dá-me um bom emprego, saúde para trabalhar e minha casa própria para acolher e abrigar a mim e minha família, e que juntos possamos ter a força do amor que une na fé em Deus.

São Pedro, mostra-me o caminho e a graça que preciso para encontrar minha casa própria, e ter condições de poder pagar com tua proteção até o último centavo.

Que Jesus me abençoe e que o Senhor possa, na intercessão junto a Deus por mim, em breve me conceder esta graça.

São Pedro, com tua sagrada chave, abre todos os caminhos da minha vida, retirando os obstáculos para que eu possa ser uma vitoriosa na fé que me sustenta.

Que em minha casa possam morar, comigo e minha família, todos os anjos do Senhor Jesus anunciando todos os dias a chegada da felicidade que há de nos trazer saúde, fé, paz e muito amor.

Obrigada, São Pedro!
Amém.

Elizabeth da Cigana Núbia

Encantamentos Ciganos

Todos os encantamentos ciganos que aprendemos têm como objetivo auxiliar nossa caminhada, amenizando um pouco o peso das nossas tarefas nesta terra, cuidando de nossas vidas sem prejudicar jamais as vidas de nossos irmãos em Deus.

A função dos encantamentos ciganos é equilibrar, abrir nossos caminhos, harmonizar nossas vidas, trazer-nos a riqueza da prosperidade, da saúde, do amor, e facilitar o alcance dos nossos objetivos.

Também são feitos encantamentos para nos livrar de magias, feitiçarias, e afastar dos nossos caminhos e das nossas vidas os obsessores e os inimigos visíveis e invisíveis.

Para isso, é necessário ter muita fé, acreditar e confiar nas bênçãos que vêm dos resultados dos encantamentos de amor que fazemos para nosso bem-estar e nossa proteção, acreditando também na força e no poder que todos nós temos mediante nossa fé.

Antes das magias, é fundamental saber se realmente o que vamos fazer está mesmo dentro do propósito daquilo que queremos, para não haver arrependimento depois.

Saiba e tenha certeza daquilo que está fazendo!

Acredite e confie, pois os resultados são maravilhosos.

Elizabeth da Cigana Núbia

O Encanto das Magias Ciganas

Magia significa o pensamento positivo ao encontro dos seus objetivos, com a força do poder da mente e da fé em Deus.

Quando queremos alcançar algum objetivo, ou mesmo quando queremos ter alguma coisa, nada melhor que trabalhar com nossa própria mente.

Muitas magias surgiram no Espiritismo, ou mesmo no esoterismo, como se fosse assim um passe de mágica.

É a mente trabalhando com a ajuda de energias de objetos que ao longo do tempo foram surgindo.

Hoje descobrimos que as magias atuam mais rápido e têm melhores resultados, e surpreendentes, com o uso de determinados objetos para atrair a energia de que precisamos.

Mas sabemos que nada funciona se não for pelo poder da nossa mente, que atrai o poder maior.

O pensamento positivo e forte em momento de grande meditação é capaz de alcançar distâncias enormes, chamadas de Magia do Pensamento.

Com o passar do tempo, acreditando ou não nas superstições, descobrimos energias em muitos objetos que nos auxiliam na feitura de uma magia.

Existem objetos, locais, dias, horas, cores, Luas que devemos respeitar na feitura de uma magia para que nos dê resultados satisfatórios e rápidos.

Antes de fazer qualquer magia, é necessário que saibamos se realmente é o que nós queremos.

Uma vez feita uma magia, não há como voltar atrás, e é por isso que antes de fazê-la deve-se pensar muito bem, porque o que é feito com fé atendido é.

Encantamento para a Proteção da Família

Em uma tarde de terça-feira, na face da Lua Crescente, pegar um papel de seda branco e, com carinho, escrever os nomes de toda a sua família.

Cubra com pó de purpurina bem fina e dobre o papel como um triângulo.

Coloque na palma da mão e a outra mão por cima; então diga as seguintes palavras:

"Eu peço a consagração deste encantamento a Santa Sara Kali, para a proteção e o bem-estar da minha família".

Pegue esse papel e coloque no altar cigano aos pés da imagem de Santa Sara.

Acenda uma vela azul e ofereça também a todos os ciganos guardiões.

Encantamento para família

Escreva os nomes da família, ou seja, de cada um que mora na mesma casa, em papel de seda e a lápis.

Recorte o papel em forma de um coração, do tamanho de um prato.

Cada um deve escrever seu próprio nome completo e colocar em um prato branco leitoso; depois, cobrir com açúcar e arroz branco e por cima depositar pétalas de rosas brancas.

No centro do prato e em cima de tudo deve-se colocar uma maçã bem vermelha com um buraco no meio, tomando o cuidado de guardar o que foi retirado como se fosse uma tampa.

Deve-se escrever os nomes das pessoas da casa a lápis, em papel de seda, e colocar dentro do buraco da maçã; depois recoloque a tampa.

Amarre a maçã com um metro de fita azul e um metro de fita rosa, dando um bonito laço. Acenda as velas em frente ao prato na quantidade de pessoas que há na casa, tomando o cuidado de escrever com um palito de dentes o nome de cada um em cada vela, ou seja, uma vela para cada pessoa.

Junte as velas bem coladinhas uma na outra, acenda-as e diga o seguinte: "Que a luz divina simbolizada nas luzes destas velas ilumine o anjo da guarda de cada pessoa desta casa, trazendo harmonia, paz, compreensão, tolerância, paciência, sabedoria e muito amor. Que nada deste mundo nem do outro atrapalhe nossa perfeita e eterna união, em nome de Cristo Jesus. Amém".

Após três dias, coloque tudo em um matinho bem verde e repita 21 dias depois:

"Esta magia se faz em face da Lua Nova ou Crescente e, feita com fé, a família se tornará unida para sempre na paz de Deus".

Encantamento das Sete Rosas para o Amor

Compre sete rosas vermelhas, sete folhas de samambaia, sete cristais quartzo-rosa e essência de dama-da-noite.

Arrume as rosas em um pote transparente redondo, com água mineral até o meio, e deposite na água os sete cristais de quartzo-rosa.

Tire os espinhos das rosas e corte o cabo de cada uma delas, sendo uma maior que a outra, e ajeite no pote, colocando por trás de cada uma as folhas de samambaia do mesmo tamanho.

Borrife nas rosas uma água preparada com essência de dama-da-noite e na primeira noite deixe-as dormir no sereno, recolhendo na manhã do dia seguinte.

Ao recolher, leve o pote de flores acima da cabeça e diga o seguinte:

"Estas rosas irão murchar, mas deixarão para mim o encanto do eterno amor que me fará feliz por toda a minha existência".

Após três dias, retire com carinho as flores e a samambaia, leve-as até um lindo jardim onde as depositará com carinho, entregando-as, à mãe natureza.

Pegue os cristais, faça um sacolinha com alça e pendure na imagem de uma cigana, pedindo proteção de amor para sua vida.

Encantamento dos Tachos de Cobre para a Prosperidade

Compre três tachos de cobre de tamanhos diferentes; não importa o tamanho, desde que seja um maior que o outro.

Lave-os com bastante água corrente, depois água com sal grosso, novamente água corrente, seguindo de uma água açucarada e, finalmente, com bastante água corrente.

Coloque-os de boca virada para baixo e acenda um incenso debaixo de cada um em um incensário, esperando até que os incensos apaguem.

Em seguida, pegue o tacho maior e cole no meio dele três moedas de maior valor; coloque por cima o outro tacho.

Nesse segundo tacho, cole uma estrela de cinco pontas, uma estrela de seis pontas, uma ferradura e um pequeno punhal.

Todas essas peças só podem ser de aço e de tamanho pequeno, compradas em casas de Umbanda.

Faça nas pecinhas de aço o mesmo procedimento que foi feito na lavagem dos tachos, para que possam ficar energizadas.

No último tacho, cole no meio uma pedra bruta de jaspe vermelho.

Pegue três fitas de cores diferentes, sendo um metro da cor amarela, um metro da cor vermelha e um metro da cor verde.

Una as fitas e amarre nas alças dos tachos, dando um bonito laço dos dois lados.

Vá para o lugar onde deverá guardar esses tachos, que passarão a ser para você a sua fonte de riqueza, amor e saúde, e guarde-os dizendo:

"Santa Sara Kali, abençoe e coloque neste encantamento as forças benéficas de luz e de amor, para que a partir deste momento não me falte mais nada na minha vida. Que eu tenha saúde, amor, muita prosperidade e nunca eu perca minha humildade".

Esse encantamento deverá ficar dentro de um armário sem nada encostado nele. Boa Sorte!

Encantamento da Ferradura

Vá a um local onde existam cavalos e tente ganhar uma ferradura tirada recentemente de um cavalo de raça.

Leve a ferradura para casa e dê uma volta em todos os cômodos com ela em suas mãos.

Compre um metro de fita vermelha e amarre na ferradura com uma figa de arruda e outra de guiné, tomando o cuidado de não aparecer, e coloque na entrada da sua morada dizendo o seguinte:

"A partir deste momento, em nome das forças de todos os ciganos donos do ouro e da prata, e em nome dos ciganos guardiões, terei a riqueza que me cabe e seremos guardados de todo mal".

Encantamento do Baú Cigano

1 baú do tamanho de sua preferência
7 chaves antigas
1 metro de fita vermelha
1 vareta de incenso de ananda
7 pedaços de canela do tamanho das chaves

Modo de Fazer

Compre o baú e enfeite a seu modo, para que ele fique bem bonito.

Incense-o com ananda.

Escreva a lápis sete pedidos de prosperidade, em papel de seda branco, e entrelace na abertura das chaves dentro do baú amarradas com um bonito laço de fita vermelha; em seguida, coloque os pedaços de canela.

Coloque o baú em local seguro onde só você possa saber, mas nunca o feche, mantenha-o sempre aberto.

A cada pedido atendido, queime o papel até alcançar todos eles.

Atenção

As chaves devem ser compradas e pagas somente com moedas e nunca com cédulas, e quando todos os pedidos forem atendidos, as chaves poderão ser usadas para outros pedidos.

Encantamento do Vaso de Plantas

Compre um vaso bem grande e plante nele uma muda de comigo-ninguém-pode e uma muda de espada-de-são-jorge.

No meio, entre as mudas, coloque um cristal transparente canalizador.

Na frente das mudas, finque um lindo punhal com a lâmina de aço, podendo o cabo desse punhal ser decorado com pedras coloridas.

Não é necessário o cabo ser de aço, ele deverá ser de metal amarelo.

Este é um encantamento que lhe trará segurança, estabilidade e o poder da prosperidade abundante, afastando dos seus caminhos e da sua vida pessoas de olho grande em você.

É mais usado em casas comerciais, e, quando for usado nas nossas casas, deverá estar sempre na porta de entrada.

Signifcados das Plantas, do Punhal e do Cristal Canalizador Desta Magia

Espada-de-são-jorge

A espada-de-são-jorge é de origem africana.
Tem grande resistência ao Sol e também ao frio.
Seu crescimento é lento, tem grande resistência e é de baixa manutenção.

É muito usada em lojas comerciais e centros espíritas, por ser considerada popularmente como uma excelente planta protetora espiritual.

Comigo-ninguém-pode

A planta comigo-ninguém-pode é de origem colombiana, e é de grande crescimento.

Suas folhagens são ornamentais e é sensível à baixa temperatura.

Essa planta também é muito usada em ambientes comerciais.

Ela protege o ambiente, e também quem a cultiva, contra o mau-olhado, a inveja e os maus espíritos.

Atrai a prosperidade e as boas energias, afastando a baixa vibração.

Cristal canalizador

Esse cristal canalizador com seis lados, representando o amor, a união, a paz, o conhecimento, a liberdade, a alegria e o conhecimento, atrai também as energias de alta vibração.

Ele atrai informações internas do espírito e da mente, trazendo um ambiente de tranquilidade e de paz.

Punhal

O punhal representa a honra, a vontade de lutar e vencer.
Usado pelos ciganos, é também símbolo de superação e pioneirismo.
É usado nos rituais de magias e tem o poder da transmutação.

Encantamento da Maçã

Compre uma maçã bem vermelha, tomando o cuidado de não haver nenhuma marca na mesma.
Lave-a e sopre nela sua energia, fazendo todos os seus pedidos.
Coloque essa maçã no centro de um pires branco, com três folhas de louro arrumadas no sentido de uma pirâmide.
Deixe-a pelo tempo que ela estiver boa, mantendo seu aroma.
Esse encantamento dura de dois a três meses e, quando a maçã não estiver bem, leve-a para o pé de uma linda árvore e, se quiser, poderá encantar outra maçã, fazendo outros pedidos, usando o mesmo pires.
O encantamento maior dessa maçã é nunca ser revelado o motivo de sua presença.
É segredo!

Magias para o Amor:
Para Encantar Seu Amor
e Ter Mais União

1 prato de papelão dourado e redondo
1 maçã bem vermelha
1 rosa vermelha
1 metro de fita azul
1 metro de fita rosa

1 vela azul
1 vela rosa
Perfume de jasmim
Pó do amor
Açúcar cristal
1 punhal de corte
(Os nomes dos enamorados devem ser escritos em papel sem pauta, a lápis.)

Modo de Fazer

Pegue a maçã e lave com muito carinho, retire a tampa dela fazendo um buraco usando um punhal de corte.

Coloque os nomes dos enamorados e cubra com o pó do amor, o açúcar, e tampe novamente usando a mesma tampa da maçã que foi retirada. Amarre com as fitas unidas e dê um bonito laço.

Acenda na frente do prato as duas velas unidas e borrife o perfume de jasmim.

Para União

1 rosa vermelha
1 cravo vermelho
1 perfume floral, de preferência jasmim
3 velas brancas
1 incenso de lírio
1 lenço em forma de triângulo (três pontas)
Arroz branco

Modo de Fazer

Em um lugar bem tranquilo e limpo, sentar no chão, de preferência no tempo (ou seja, lugar descoberto), despetalar a rosa e o cravo em cima do lenço e dizer: "Assim como estou juntando e unindo as pétalas de rosa com as pétalas do cravo, estou unindo o casal (dizer os nomes do casal)".

Pegar o perfume e dizer: "Assim como perfumo estas pétalas de rosa e de cravo, perfumo também o amor e a união deste casal (dizer os nomes)".

Colocar bastante açúcar por cima e dizer: "Assim como adoço estas pétalas, adoço o coração e o amor deste casal (dizer os nomes)".

Cobrir com arroz branco e dizer: "Que o arroz prospere na vida deste casal e que cada grão corresponda a um ano de felicidades, de paz e de muito amor, com a proteção de todas as ciganas encantadas do amor".

(Esta magia é feita por uma pessoa que quer ajudar um casal a se unir. Excelente.)

Para Ficar com a Pessoa Amada

1 vela rosa
1 vela azul
1 palito de dentes
1 pires
Açúcar
Arroz branco
Papel com os nomes

Modo de Fazer

Pegue o pires, lave bem e passe no incenso.

Coloque os nomes escritos a lápis em papel de seda.

Escreva o nome da mulher na vela rosa e o nome do homem na vela azul. Junte-as, acenda-as e, com a mão direita, coloque as duas velas unidas no pires com uma das metades das velas pegando na beira do papel e a outra no pires, dizendo o seguinte: "Assim como eu uno estas duas velas, estou unindo nossos anjos da guarda para que estejamos sempre juntos e felizes".

Coloque açúcar e diga: "Assim como eu adoço os nossos nomes, adoço também os nossos corações".

Em seguida coloque o arroz e diga: "Que cada grão deste arroz corresponda um ano de nossa união e de nossa felicidade".

Para Encontrar um Amor Desejado

1 mamão ainda um pouco verde
1 punhal virgem (novo)
1 metro de fita amarela n° 2 de cetim
1 vela amarela
1 vela rosa
1 vela azul
1 prato de papelão dourado

Modo de Fazer

Escreva o nome da pessoa amada a lápis, em papel sem pauta, e, se ainda não tiver ninguém, escreva "meu grande amor".

Coloque o papel dentro do mamão cortado ao meio na horizontal, amarre com a fita amarela, coloque no prato de papelão dourado e ofereça às ciganas encantadas do amor, pedindo que abram seus caminhos ao encontro do seu verdadeiro amor.

Acenda as velas por três dias, sendo cada dia uma cor, oferecendo também às ciganas encantadas do amor.

No terceiro dia, deposite em um jardim.

Para Prender a Pessoa Amada

1 taça de boca larga
7 velas coloridas (menos marrom e preta)
Açúcar cristal
Nomes do casal escrito em papel de seda, a lápis

Modo de Fazer

Pegue a taça de cristal, lave com bastante água corrente e depois incense para tirar energias negativas.

Sente-se em uma cadeira bem confortável, coloque a taça na mesa e encha de açúcar até o meio; então coloque em cima os nomes escritos em papel de seda.

Mentalize tudo o que você quer e acenda as velas, uma por uma.

Aqueça com um palito de fósforo debaixo de cada vela que for acendendo, deixando cair a cera derretida em cima dos nomes cobrindo o escrito.

Fazer isso com as sete cores de velas, tomando o cuidado de deixá-las queimando em volta da taça em um recipiente de metal de forma que não cause problemas de caírem algumas delas.

Faça então seus pedidos de amor, e saiba que enquanto esses nomes estiverem presos debaixo da cera dessas sete velas, o casal permanecerá sempre unido e com muito amor.

Para um Forte Pedido de Amor

2 caixas de amido de milho
2 vidros de leite de coco
2 copos de açúcar
7 cocadas, sendo 3 azuis, 3 rosas e 1 branca
7 rosas brancas
7 velas coloridas: rosa-escuro, rosa-claro, branca, amarela, azul, lilás e verde
7 pratinhos de papelão na cor prata
7 copinhos descartáveis com guaraná
7 pratinhos descartáveis de sopa redondos
6 cores de anilina: rosa-claro, rosa-escuro, azul, amarela, verde-claro e lilás
1 coração desenhado em uma cartolina vermelha no tamanho de 30 cm x 30 cm
1 par de alianças de bijuteria
1 metro de fita azul
1 metro de fita rosa
Pétalas de rosas coloridas
Os nomes do casal

Modo de Fazer

Faça com muito carinho sete manjares usando todos os ingredientes acima citados, sendo cada um de uma cor, ou seja: um rosa-escuro, um rosa-claro, um amarelo, um azul, um verde, um lilás e um branco.

Deixe esfriar e coloque nos pratinhos redondos de papelão sem deixar quebrar, devem ficar inteiros.

Ir até um lugar reservado, limpo, no tempo, e arrumar da seguinte forma:

Coloque o coração desenhado e recortado, arrume em volta dele no sentido horário todos os manjares, e em cima de cada um ponha uma cocada, intercalando as cores e deixando a branca de frente.

Coloque à direita de cada pratinho um copinho com guaraná, e à esquerda uma rosa sem o cabo.

Na frente de cada pratinho, acenda uma vela na cor de cada manjar.

Coloque os nomes do casal no centro do coração, cubra com as pétalas de rosas, amarre as alianças com as duas fitas e coloque no centro do coração em cima das pétalas.

Esta magia de amor é entregue às Crianças do plano espiritual e é feita no segundo dia da Lua Crescente, em lugar limpo e no tempo, ou seja, em local descoberto.

Faça os pedidos com fé e verá o quanto é grande o poder das Crianças na relação do amor verdadeiro.

Conquistando um Amor

2 pratinhos brancos
1 maçã
1 taça
Pó do amor
Pó de agarradinho
Pó de gamação
Açúcar cristal
Perfume de sua preferência
1 metro de fita azul
1 metro de fita rosa
7 incensos

1 vela azul
1 vela rosa

Modo de Fazer

Pegue a maçã, lave bem, corte-a na vertical e coloque o nome da pessoa amada junto ao seu da seguinte forma: escreva o nome dele em papel sem pauta, na cor branca, e por cima escreva seu nome.

Faça isso de um lado e do outro do papel, no mesmo sentido, e coloque em uma das partes da maçã, cobrindo com os pós e o açúcar; depois jogue bastante perfume.

Feche a maçã, amarre com as duas fitas dando um bonito laço e coloque no centro de um pequeno pires branco.

Nas pontas das fitas, escreva os nomes dos dois depois do laço feito.

Na frente do pires com a maçã, coloque a taça com água mineral e em frente à taça coloque o outro pires com duas velas unidas, sendo uma rosa e a outra azul.

Na vela rosa escreva o nome da mulher, e na azul escreva o nome do homem usando um palito de dentes.

Una as duas velas dizendo o seguinte: "Estou unindo os anjos da guarda de fulano ao meu anjo da guarda, para que ele venha ao meu encontro com muito amor".

Em volta de tudo, acenda os sete incensos pedindo que a fumaça leve até Deus este seu pedido de amor e união.

Esta magia é feita durante sete dias concecutivos; a cada dia, limpar o pires onde acende as velas colocando tudo em um matinho bem limpo e verde, refazendo tudo de novo no mesmo pires.

Depois de sete dias, levar a maçã para um lugar bem bonito, entregando às sete ciganas encantadas do amor, e agradecer ao pedido que, com certeza, já terá sido atendido, segundo a vontade de Deus.

Para Atrair uma Paixão

1 pires branco novo
1 vela amarela
1 vela azul
1 vela rosa
1 espelho redondo do tamanho do fundo do pires
1 coração de cartolina na cor vermelha
Pétalas de rosas coloridas
Perfume de sua preferência
Pó do amor

Modo de Fazer

Coloque o coração de cartolina em um local onde você consiga todos os dias fazer seu pedido, sem que ninguém possa mexer.

Decore com as pétalas de rosas coloridas, jogue o pó do amor, bastante perfume e coloque o pires em cima.

Bem no centro do pires coloque o espelho, olhe fixamente para ele e diga o seguinte: "Assim como estou vendo apenas minha imagem (fulano), só terá minha imagem em sua memória, e jamais vai me esquecer. Ele virá a meu encontro todos os dias e me amará como nunca amou ninguém".

Acenda as velas no sentido de um triângulo em volta do espelho, em cima do pires, com a vela amarela para sua direção, ou seja, a ponta em sua direção.

Essas palavras acima escritas deverão ser recitadas todos os dias, até que você alcance seu objetivo.

Quando completar sete dias, pegue as pétalas de rosas e tome um banho, que poderá ser da cabeça aos pés, e refaça tudo com novas pétalas de rosas coloridas e o restante de todo o material, repetindo também os banhos. Depositar em um jardim o que for coado para o banho.

É uma excelente magia para o amor. Boa Sorte!

Pedindo Proteção às Crianças e aos Anjos do Amor

1 prato de papelão
2 cocadas brancas
2 marias-moles
2 suspiros brancos
2 queijadinhas
2 quindins
7 balinhas coloridas
7 copos de guaraná
7 velinhas brancas de aniversário (daquelas fininhas)
1 vela azul
1 vela rosa
1 bilhetinho pedindo proteção para o amor
1 pouco de açúcar

Modo de Fazer

Coloque tudo no pratinho de papelão e arrume com carinho todos os ingredientes.

Coloque os copinhos de guaraná e as velinhas em volta do prato.

Pegue o bilhete, passe bastante açúcar e coloque em cima de tudo; em seguida, acenda as velinhas e ofereça esse presente aos anjos do amor, Anael e Haniel, e a São Cosme e São Damião.

Para Manter o Amor Aceso

1 pote de vidro transparente
1 vela rosa
1 vela azul
1 foto do casal juntos
1 lenço vermelho
Peças de roupas íntimas do casal
1 caixa de incenso de lírios

Pétalas de rosas vermelhas e amarelas
Perfume

Modo de Fazer

Lave bem o pote, incense-o e forre com o lenço vermelho, deixando as pontas pelo lado de fora.

Coloque no meio as duas peças de roupas íntimas, tomando o cuidado de colocar uma dentro da outra, bem dobradinhas.

Coloque a foto em pé, ao lado do pote por debaixo do lenço, deixando que ela apareça com a transparência do vidro.

Cubra com as pétalas de rosas e espalhe bastante o perfume de sua preferência, desde que seja um perfume que você use diariamente.

Acenda as duas velas juntinhas em um pires, em frente ao pote, acenda todos os incensos e peça aos ciganos encantados do amor que intercedam a Deus pelo amor e união do casal.

Acenda velas azuis e rosa uma vez por semana, reforçando sempre os pedidos de união e amor. Esta magia é maravilhosa.

Agilizar um Casamento

1 pote de vidro leitoso
1 par de alianças
1 maçã bem vermelha
2 velas brancas
1 rosa branca
1 vareta de incenso de alecrim
20 centímetros de fita azul e de fita rosa
Farinha de mesa
Água açucarada

Modo de Fazer

Lave bem o pote e passe o incenso de alecrim. Pegue a farinha e coloque dentro do pote; depois molhe com a água açucarada até formar uma pasta bem firme. Lave a maçã e coloque bem no centro com o par de alianças amarradas com um bonito

laço de fitas rosa e azul em cima da maçã. Coloque em seguida a rosa branca em cima das alianças. Acenda as duas velas bem juntinhas oferecendo aos anjos da guarda do casal, pedindo que eles possam se casar o mais breve possível. Que seja um casamento bonito, festivo, alegre, e que o amor do casal penetre no infinito e alcance a eternidade. Que sejam muito felizes.
Lua Crescente, numa sexta-feira.

Para Acabar com Brigas entre Casais

1 vela de sete dias azul
1 vela de sete dias rosa
7 queijadinhas
3 rosas, sendo 1 vermelha, 1 rosa e 1 amarela
7 pedaços de fitas coloridas
7 varetas de incenso de lírios
1 papel de seda com os nomes do casal escritos a lápis
Erva-doce
Açúcar cristal
Gliter dourado
1 pratinho de papelão na cor dourada, ou forrado de papel dourado

Modo de Fazer

No terceiro dia da Lua Nova, exatamente às 18h, tome um banho, e muito tranquila e com muita fé, pegue o pratinho de papelão dourado e coloque no meio o papel de seda com os nomes do casal e o pedido de harmonia, amor, tolerância e união. Espalhe com carinho os sete pedaços de fitas coloridas no tamanho da palma da sua mão, deixando a metade no centro do pratinho e a outra metade para fora. Coloque as sete queijadinhas sem o papel, e no centro destas, em forma de círculo coloque a erva-doce misturada com açúcar cristal. Pegue as três rosas coloridas sem o cabo e ajeite-as em cima da erva-doce. Jogue com carinho o gliter em cima de tudo só para dar o brilho, acenda as varetas de incenso e coloque em volta do prato. Acenda as velas e ofereça essa magia aos ciganos encantados do amor, pedindo que intercedam a Deus pelo casal. Reze um Pai-Nosso, uma Ave-Maria e a prece dos anjos da guarda e ofereça ao casal.

Para Ter Paz no Convívio com uma Pessoa da Família

Pegar uma garrafa de guaraná, colocar seu nome e o da pessoa escritos em papel de seda e a lápis sete vezes dentro dela. Colocar sete pequenos galhinhos de arruda. Pegar um prato branco leitoso, posicionar a garrafa no meio e acender sete velinhas pequenas em volta, pedindo às Crianças do plano espiritual, os Erês, que unam essas duas pessoas com a doçura do guaraná, a inocência das crianças e a sabedoria do amor.

Pedir às Crianças do plano espiritual que intercedam ao Pai do Céu para que essas pessoas se tornem amigas e façam a felicidade uma da outra, que se unam para sempre. Deixar essa garrafa em casa durante 21 dias e acender novamente sete velinhas e refazer todos os pedidos. Quando apagarem as velas, levar a garrafa para um belo jardim e entregar às Crianças espirituais. Esta magia se faz em Lua Nova e a entrega na Lua Crescente.

Para o Marido Voltar e Ficar Sossegado em Casa

Se você quer que seu marido saia do trabalho e volte direto para casa sem parar com amigos ou ir a lugares que você não goste, faça a seguinte magia:

1 chave velha
7 fitas brancas
2 velas brancas
1 vidro de boca larga com tampa

Erva-cidreira
Erva-doce
Açúcar cristal e chá de agarradinho

Modo de Fazer

Escreva o nome todo do marido na ponta de cada fita e amarre na chave dizendo o seguinte: "Estou amarrando fulano nesta chave para que, em nome das forças e do poder de São Pedro, ele encontre sempre o caminho da nossa casa. Que ele não pare em nenhum lugar, que venha com a paz de Deus e com a proteção da Virgem Maria".

Ponha dentro do vidro de boca larga, e por cima coloque a erva-cidreira, a erva-doce e o chá de agarradinho (erva). Acenda as duas velas em cima do vidro oferecendo aos anjos da guarda do casal.

Atenção:

Esta magia pode ser feita em Lua Crescente e em qualquer dia, menos na segunda-feira.

Magia do Amor Cigano

1 pão de sal redondo
1 cacho de uvas verdes
1 maçã bem vermelha
1 vidro de mel
1 pitada de sal
1 taça grande de cristal com água mineral
2 velas de sete horas vermelhas
1 pouco de passas brancas
3 rosas (amarela, rosa e vermelha)
1 metro de fita vermelha

Modo de Fazer

Faça com muito carinho um buraco no pão e reserve o que foi retirado. Salpique alguns grãos de sal para batizar o pão. Misture o que foi retirado com as passas brancas e a maçã bem cortadinha e recoloque no pão. Com carinho e muita fé, coloque seu pedido de amor escrito a lápis em papel de seda branco. Feche o pão e dê um bonito laço com a fita vermelha. Ponha o cacho de uvas por cima e regue com bastante mel. Em um prato de vidro branco, coloque as três rosas entrelaçadas, sendo a vermelha no meio, a rosa do lado direito e a amarela do lado esquerdo e o pão no meio. Na frente do prato, coloque as duas velas juntas, acenda e faça todos os seus pedidos de amor. Do lado direito, coloque a taça com água mineral sem gás. Entregue essa magia para as sete ciganas encantadas do amor, com a proteção de Nossa Senhora Aparecida. Faça essa magia em uma sexta-feira, em noite de Lua Crescente para Cheia, e no sábado leve para uma campina bem bonita e limpa, reforçando seu pedido de amor.

Magia dos Lenços Ciganos para Encantar um Casamento

7 lenços de seda de cores diferentes (não podem ser marrons nem pretos)
1 essência de jasmim
1 essência de dama-da-noite
1 caneta vermelha de ponta grossa
Os nomes do casal em papel de seda branco

Modo de Fazer

Compre sete lenços lisos de cores diferentes ou o tecido de seda e mande fazer bainha para um acabamento perfeito.

Escreva os nomes do casal no meio de cada lenço, começando de uma ponta a outra, usando uma caneta de ponta grossa na cor vermelha.

Faça uma prega no lenço, deixando os nomes do casal escondidos no meio e amarre-os, dando um bonito laço de fita vermelha larga, e pendure no quarto do casal em local visível.

Perfume todos os lenços com a essência de jasmim e dama-da--noite e refaça a cada dia o pedido de encantamento e união do casal.

Esta magia é maravilhosa e garantida.

Magia da Saia Cigana para Prender o Homem Amado

Quando as mulheres ciganas estão apaixonadas, elas parecem ficar mais lindas e atraentes, mas para ter o homem amado elas não medem esforços para prendê-los.

Em uma noite de Lua Cheia, dance para o seu amado com uma bela saia colorida e um lenço vermelho de seda pendurado na cintura, mas antes escreva o nome dele 21 vezes no avesso da saia, ou seja, por dentro da saia, tomando o cuidado de escrever sete vezes no meio da saia, sete vezes na bainha e sete vezes na cintura da saia.

A blusa deverá ser vermelha, de tecido liso.

Perfume bastante a saia com o perfume de seu próprio uso e dance fixando seus olhos nos olhos dele.

Tome um gole de vinho em uma bela taça de cristal e dê a ele para tomar o restante enquanto dança.

Ao terminar, essa saia deverá ser guardada em um baú enrolada no lenço vermelho de seda.

Magia Cigana para Unir Duas Pessoas

1 prato de louça branco leitoso
1 foto do casal
1 taça com água mineral
1 vela vermelha
Pétalas de rosas vermelhas bem fresquinhas
7 cartas do baralho ciganos que são as seguintes:
A carta da aliança, a carta da cigana, a carta do cigano, a carta do coração, a carta dos pássaros, a carta das crianças e a carta de Oxum.

Modo de Fazer

Pegue a foto do casal ou das pessoas que quer unir e mande um profissional passar para um papel branco desenhando as imagens com lápis (isso é muito importante).

Coloque então esse papel com as fotos desenhadas no meio do prato e ao redor organize as cartas no sentido horário, fazendo os pedidos de acordo com o significado de cada carta.

Cubra com as pétalas de rosas e coloque do lado direito a taça com água mineral e do lado esquerdo acenda a vela vermelha, fazendo seus pedidos de amor com muita fé.

Esta magia une casal de amantes e também pessoas da família.

Significado de Cada Carta Desta Magia

Carta da aliança – pedir união
Carta da cigana – representa a mulher
Carta do cigano – representa o homem
Carta do coração – pedir o amor
Carta dos pássaros – pedir o romantismo do casal
Carta das crianças – pedir a alegria das crianças e sua proteção
Carta de Oxum – pedir as bênçãos de mamãe Oxum para a união desse casal.

Magias para Saúde, Abertura de Caminhos e Prosperidade

Saúde

1 pedra bruta de perita
1 vela verde
1 incenso de jasmim
1 buquê de rosas brancas
1 peça de vidro transparente de boa qualidade
Água mineral

Modo de Fazer

Lave a pedra de perita com bastante água corrente e enterre-a por três dias. Depois desenterre, lave novamente com bastante água corrente e deixe em água açucarada por três horas. Coloque a pedra dentro do recipiente de vidro transparente e despeje a água mineral. Acenda a vela do lado direito e o incenso do lado esquerdo. Enquanto a vela estiver queimando, peça que a temperatura da vela esteja lhe aquecendo e curando toda a enfermidade e que aquela fumaça do incenso se dirija aos astros e que lhe traga saúde. Depois que a vela acabar de queimar, tome três goles da água. Pegue o restante da água, faça um banho com as rosas e tome da cabeça aos pés. Pegue o bagaço das rosas e jogue em um matinho bem verde.

Magia Cigana para a Saúde

2 maçãs
2 peras
21 uvas verdes inteiras
1 metro de morim branco
1 vela de sete dias branca
Pétalas de rosas brancas
Folhas de colônia

Modo de Fazer

Em uma sexta-feira, em face da Lua Crescente, levante às 6h da manhã e tome um banho feito com as folhas de colônia, da cabeça aos pés. Em seguida, vista uma roupa clara e acenda a vela e ofereça ao seu anjo da guarda. Amasse as peras, as maçãs e misture junto às pétalas de rosas brancas. Vá a uma campina ou à beira do mar e estenda o pano de morim no chão, fique no meio dele e passe a mistura das frutas amassadas com as pétalas de rosas no corpo, passe as uvas usando sete de cada vez. Vá pedindo às ciganas da cura (sastô) que retirem de seu corpo toda doença, todo mal e toda energia não positiva. Peça saúde, força e muita proteção. Faça uma trouxinha de tudo que foi usado. Se fizer na beira do mar, espere sete ondas alcançarem seus pés e jogue com força na sétima onda do mar. Se fizer em uma campina, faça a trouxinha e amarre no galho de uma árvore bem frondosa.

Para Engravidar com a Ajuda das Crianças

Comprar um boneco ou uma boneca de boa qualidade e envolvê-la em uma manta branca perfumada com suave perfume de bebê. Ficar com ela três dias cuidando, passeando com ela pela casa. No primeiro dia, fazer seus pedidos às Crianças para engravidar, ter um filho com saúde, perfeito, e que seja muito abençoado por Deus, somente no primeiro dia.

Dormir com a boneca ou boneco, e quando levantar, pegar com carinho, arrumar a cama e colocar de volta. Não conversar com o boneco. No terceiro dia, sair com o boneco e dar para a primeira criança que encontrar, na intenção de que daquele momento em diante você seja escolhida para ser mãe com a ajuda das Crianças junto a Deus.

Assim como você deu uma boneca a uma criança, Deus lhe dará um filho para criar e ser a melhor mãe.

Outra para Engravidar

No dia 12 de outubro, quando se comemora o dia de Nossa Senhora de Aparecida, o Dia das Crianças e o Dia dos Ciganos, pegar um par de sapatinhos de tricô e colocar 21 balinhas dentro de um dos pés. Levar esse pé de sapatinho e colocar em um lugar onde ninguém possa passar ou ver, para que ele fique ali por um bom tempo, e ofereça a São Cosme e São Damião. Durante 21 dias, compre todo dia uma balinha e vá colocando no outro pé de sapatinho e, assim que completar 21 balinhas, levar esse outro pé de sapatinho e colocar junto ao outro dizendo o seguinte: São Cosme e São Damião, aqui está o outro pé de sapatinhos que lhes trago cheio de balinhas. Peço que intercedam junto a Deus para que eu possa engravidar. Confio em vocês. Ajudem-me a ter um bebê cheio de saúde e que seja uma pessoa muito protegida e abençoada. Que Deus os ilumine, São Cosme e São Damião.

ATENÇÃO: Esse par de sapatinhos não poderá ser comprado pronto. A pessoa tem de comprar a linha de crochê, a agulha, e dar a uma pessoa que já é mãe para fazer. Quando receber os sapatinhos, tem de pegar também a agulha que deverá ser guardada para, quando a pessoa engravidar, mandar fazer um outro par de sapatinhos para o futuro bebê usar. Muitos sabem e fazem esta magia, mas o segredo está na maneira de fazer corretamente. Boa Sorte!

Magias para Abertura de Caminhos Profissionais

3 velas de mel de 12 horas
7 moedas correntes de maior valor
3 folhas de louro
3 paus de canela
Noz-moscada
Arroz branco
Arroz com casca
1 pratinho de papelão dourado

Modo de Fazer

Colocar no fundo do prato um bilhete escrito a lápis, e se tiver em vista algum local de emprego, colocar o endereço. Cubra com o arroz com casca e, no sentido horário, coloque os três pedaços de canela em forma de triângulo em cima do arroz com casca deixando as pontas fora do prato. Coloque as folhas de louro deixando uma pontinha para fora do prato, por cima o arroz branco e as três moedas em cima do arroz branco em forma de triângulo. Acenda as três velas também, em forma triangular, e ofereça ao cigano Wladimir, pedindo a ele abertura de caminhos, um bom emprego, sorte na vida. Peça a ele que todos os nós dos seus caminhos sejam desatados, que sejam queimadas todas as negatividades no fogo sagrado das chamas destas velas. Peça tudo com muita fé.

Magia Cigana para Prosperidade

7 pedaços de canela em pau
21 cravos-da-índia
7 folhas de louro
3 galhos pequenos de hortelã
7 moedas correntes
1 cacho de uvas verdes
7 velas verdes
5 bananas ouro
1 farofa de farinha com mel
1 travessa de barro

Modo de Fazer

Lave bem a travessa de barro e faça nela mesmo a farofa com bastante mel, fazendo seus pedidos de prosperidade, abertura de caminhos e saúde, usando as pontas dos dedos. Arrume direitinho e coloque as folhas de louro em volta e os paus de canela no sentido horário. Passe simbolicamente as moedas no corpo e coloque na farofa, também no sentido horário. Na parte de trás, coloque as bananas, que deverão estar em penca com as pontas para cima. Em cada lado da banana, ponha um galhinho de hortelã e o outro no meio da penca de bananas. Em frente às bananas, coloque o cacho de uvas. Salpique todos os cravos tomando o cuidado de retirar de cada um as bolinhas. Regue tudo com mais um pouco de mel e acenda as velas em volta do pote, refazendo seus pedidos com muita fé. No outro dia bem cedo, coloque essa oferenda na porta de um banco e entregue aos ciganos donos do ouro e da prata.

Esta magia é infalível!

Outra Magia para Prosperidade

1 jarro de barro
7 fitas verde-garrafa
Arroz com casca
Açúcar cristal
Pó de café
6 folhas de louro inteiras
7 moedas de um real
1 ímã
1 cristal canalizador transparente

Modo de Fazer

Em uma face de Lua Nova, pegue o jarro de barro, lave e coloque nele as fitas verdes com a metade para fora em círculo. Coloque o arroz com casca, o açúcar e o pó de café. Enfeite com as folhas de louro e as moedas, no sentido horário. No centro, coloque o cristal e o ímã por cima dele. As moedas e as folhas de louro deverão ficar em pé. Logo em seguida, pegar o jarro, levantar acima da cabeça, entregar essa magia aos ciganos donos do ouro e da prata e pedir que lhes tragam fartura e muita prosperidade, um bom emprego, caminhos abertos, muita saúde e que o Sol brilhe em sua vida e em seus caminhos.

Para Sorte e Abertura de Caminhos

1 pote de porcelana branco
7 moedas correntes de maior valor
7 folhinhas de hortelã
7 folhas de louro
7 cravos-da-índia
3 velas amarelas
3 incensos de cravos
Arroz com casca

Modo de Fazer

Pegue o pote, lave-o com bastante água e passe um incenso de limpeza nele. Vá arrumando tudo dentro dele, fazendo todos os seus pedidos com muita fé. Coloque o arroz com casca e as moedas no sentido horário. Em seguida, coloque todos os outros ingredientes também no sentido horário até fechar o círculo em cima do arroz.

Acenda as velas fazendo um triângulo com a ponta virada para você, e acenda os incensos. Deixe em sua casa durante três dias e depois vá até a porta de um banco antes das 9h e coloque na porta, pedindo prosperidade, sorte na vida e abertura de caminhos. Boa Sorte!

Pote da Prosperidade

1 pote de vidro transparente
200 g de arroz branco
200 g de milho amarelo
200 g de lentilha
200 g de ervilha
100 g de arroz com casca
7 folhas de louro
7 moedas
7 trigos
1 cristal canalizador
1 vela verde

Modo de Fazer

Em uma quinta-feira de Lua Crescente, compre o pote, lave-o com bastante água e incense. Coloque todo o material dentro dele, tomando o cuidado para não se misturar. Por cima, coloque as moedas e as folhas de louro no sentido horário com as folhas em pé. Enfeite com os trigos e levante o pote acima da cabeça e diga o seguinte: "Aqui está o pote da minha prosperidade". Coloque em local adequado e acenda a vela pedindo prosperidade, saúde e muita sorte.

Abertura de Caminhos

1 panela de barro com alça
1 chave de cera
8 velas verdes
7 folhas de louro
7 moedas correntes
Milho cozido

Modo de Fazer

Em uma quinta-feira de Lua Crescente, na parte da manhã, montar esta magia da seguinte maneira: lave a panela, cozinhe o milho, espere esfriar e ponha na panela de barro. Coloque as folhas de louro e as moedas no sentido horário. No centro, coloque a chave de cera com a parte de abertura virada para cima. Levante a panela acima da sua cabeça e peça abertura de caminhos, prosperidade e saúde. Coloque em um lugar seguro e acenda uma vela. À tarde, por volta das 15h, vá ao pé de uma árvore bem bonita, frondosa, e coloque a panela de barro, acendendo as sete velas em volta, fazendo novamente seus pedidos, entregando esta magia aos ciganos donos da fortuna e com a permissão de São Sebastião. Muito em breve você será atendido, com muita certeza.
Boa Sorte!

Para Ter Sorte em Lojas Comerciais

1 tacho de cobre
7 moedas correntes
7 folhas de louro
7 pedaços de fitas coloridas
1 imã
1 garrafa de um bom vinho
1 caixa de incenso de canela
1 lenço colorido
1 taça

Arroz com casca
Velas verdes
Modo de Fazer

Em uma quinta-feira de Lua Crescente, prepare esta magia da seguinte maneira: lave bem o tacho, incense-o e coloque o arroz no centro dele. Coloque o ímã para atrair clientes, coloque as moedas e as folhas de louro no sentido horário, enfeite com as fitas deixando parte pelo lado de fora. Deixe-o em lugar alto, forrado com o lenço, acenda o incenso, abra a garrafa de vinho e sirva na taça que deverá ficar ao lado do tacho. Deixe a garrafa fechada ao lado da taça e peça aos ciganos donos dos bons negócios que tragam clientes com bastante dinheiro. Toda quinta-feira, deverá trocar o vinho e acender outra vela verde, refazendo os pedidos.

Para Construir a Casa Própria

1 casa de cera
1 chave de cera
1 vela branca

Modo de Fazer

Vá até o local onde pretende construir sua casa e coloque a casinha de cera dizendo o seguinte: "Assim como coloco aqui esta casa de cera, eu construirei minha casa de tijolo com forte e abençoado alicerce". Coloque a chave na frente da casinha e diga: "Esta chave abrirá meus caminhos na construção da minha casa neste local, com a proteção e ajuda de São Jerônimo, em nome de Deus Todo-Poderoso". Acenda a vela e diga: "Que a luz divina, simbolizada na luz desta vela, ilumine meus caminhos, minha vida e que minha casa seja construída na luz que vem do semblante de Jesus, abençoando o pedreiro que haverá de construir nossa casa sem nos causar problemas". Depois disso, mantenha a fé em Deus, acredite no seu potencial, trabalhe com disposição e em breve seus caminhos se abrirão e sua casa será construída.

Boa sorte!

Para Alugar um Imóvel

Quando for visitar uma casa que quer alugar, entre na casa e use o banheiro dando descarga. Depois pegue três dentes de alho roxo, jogue em um canto da casa e diga o seguinte: "Eu vou morar nesta casa e serei muito feliz". Deixe lá os dentes de alho e saia, na certeza de que estará muito em breve fazendo sua morada nesse lugar e será muito feliz. Pensamento positivo. Se for apartamento, deverá deixar também mais três dentes de alho roxo na entrada do prédio.

Para Arrumar Emprego

1 tacho de cobre pequeno
1 lenço bem colorido
7 fitas
1 ímã
7 galhos de trigo
7 moedas de igual e maior valor
1 vidro de essência de alecrim
7 velas coloridas (menos marrom e preta)
Arroz branco
Arroz com casca

Modo de Fazer

Lave o tacho, incense e forre com o lenço, que também deverá ser incensado e perfumado com a essência de alecrim. Coloque as fitas uma por uma, no sentido horário, e com seu nome em cada ponta. Espalhe por cima um pouco do arroz branco e um pouco de arroz com casca. Passe simbolicamente o ímã no corpo dizendo: "Este ímã atrairá um emprego para mim". Em seguida passe também as moedas no corpo simbolicamente e coloque em cima do arroz, no sentido horário. Enfeite com os galhos de trigo após cortá-los bem pequenos e acenda as velas em volta do tacho, oferecendo aos ciganos encantados ricos e donos do ouro e da prata, fazendo seus pedidos e prometendo uma peça de ouro com o primeiro dinheiro que receber do seu trabalho. A peça de ouro deverá ser usada pela pessoa como um amuleto. Todo material deverá ser colocado em um jardim depois de sete dias. As moedas são guardadas com o tacho para que, se necessário, possam ser usados novamente.

Outra para Emprego

1 melão
1 punhal
1 estrela de aço de seis pontas
1 lenço vermelho cortado em forma de um triângulo
7 velas coloridas: azul, branca, verde, rosa, amarela, lilás e vermelha
1 caixa de incenso cravo e canela
Açúcar cristal
Um molho de hortelã
Um molho de manjericão

Modo de Fazer

Em um domingo de Lua Crescente, antes das 9h, pegar todos os ingredientes e ir para um lugar alto, limpo e bem verde. Ao chegar, forrar o chão com o lenço com a ponta virada para a frente onde estiver. Pegar o melão e fazer um buraco redondo com o punhal, colocar dentro dele seu pedido de emprego escrito a lápis, em papel de seda branco, enrolar na estrela de seis pontas e colocar dentro do melão, e por cima encher de açúcar cristal. Pegue o pedaço que cortou do melão, vire-o ao contrário e coloque de volta no melão no local do buraco que fez. Faça uma rodilha do tamanho do melão com a hortelã e coloque em volta dele. Acenda duas velas em cada ponta do lenço com o auxílio de algo em que a vela possa estar, sem deixar pegar fogo no lenço. Na ponta de trás acenda as velas amarela e verde, na ponta da esquerda as velas azul e rosa, na ponta da direita as velas branca e lilás e, em cima do melão, no local que foi cortada e recolocada a tampa virada, colocar a vela vermelha. Acenda os incensos em volta do lenço, fincando-os no chão. Respire fundo, coloque a imagem de Jesus na mente e chame pelo cigano Wladimir. Conte a ele toda a sua história e peça-lhe que o acompanhe de agora em diante em busca de um emprego e prometa ser seu amigo. Contemple tudo que colocou no lugar, bata palmas 21 vezes e vá embora, com a certeza de que seu pedido será alcançado com a intervenção do cigano Wladimir junto às forças astrais.

Para Arrumar um Novo Emprego

9 batatas-doces
9 moedas correntes de valores iguais
9 cravos
Açúcar cristal
1 prato de papelão prateado
1 travessa branca grande, redonda ou comprida
1 vela amarela
2 incensos de canela

Modo de Fazer

Cozinhe as batatas-doces com casca depois de bem lavadas. Deixe-as esfriar e coloque na travessa. Crave em cada batata uma moeda virada com o número para sua frente, fazendo o mesmo com os cravos, retirando a bolinha e deixando apenas a coroa. Cubra com bastante açúcar, acenda a vela amarela e os incensos, colocando um de cada lado da travessa. Ofereça esta magia para os ciganos feiticeiros (kakús), pedindo que abram seus caminhos para que lhe arrumem um novo trabalho. Depois que a vela apagar, entregue a oferenda aos ciganos em uma campina, antes das 9h, e agradeça confiante de que será atendido. Lua Crescente.

Para Ter Fartura e Paz no Lar

1 porção de arroz branco
1 porção de açúcar
1 cacho de uvas verdes
1 vela de sete dias branca
1 travessa de louça da cor branca
1 saquinho de pano branco
1 cristal canalizador de várias pontas
1 taça de cristal com água mineral ou água de chuva
Clara de um ovo

Modo de Fazer

Cozinhe o arroz junto com o açúcar e, após esfriar, coloque na travessa.

Bata a clara de um ovo até ficar no ponto de suspiro e coloque em cima do arroz.

No meio, coloque o cristal canalizador de energia e paz e arrume o cacho de uvas em frente ao cristal, tomando o cuidado de deixar uma parte para fora da travessa.

Acenda a vela de sete dias e o incenso.

Deixe essa magia durante três dias e, logo após, retire o cristal e coloque ao lado da taça com água.

Pegue a travessa e vá até um lugar bem alto e limpo, e entregue aos ciganos do amor e da fortuna.

Depois de sete dias, após a vela queimar, coloque o cristal no saquinho e pendure na porta principal da sua casa.

Ofereça toda essa magia para os ciganos da paz, do amor e donos do ouro e da prata em uma tarde de Lua Nova para Crescente.

Resolvendo Problemas

Para Ter Solução de Um Grande Problema

Pegar um papel branco sem pauta, do tamanho de uma folha de papel ofício, e dobrar ao meio na vertical. De um lado, escrever o problema pelo qual está passando, e do outro, a Solução do mesmo problema, da maneira que achar melhor. Ler sete vezes o problema e também a Solução. Em seguida, dividir o papel e pegar o lado do problema e queimar em cima de um pires. Amassar as cinzas e jogar em água corrente. O lado da Solução deverá ser guardado juntamente com uma carta feita a lápis, em papel de seda branco, e guardar junto ao pedido dentro de um baú de madeira e, se possível, bem decorado. Quando for atendido, pegar a carta e o papel do pedido e jogar na sétima onda do mar, agradecendo a Deus a graça alcançada. O baú deverá ser guardado como relíquia e, se for preciso, poderá ser usado para a mesma situação, ou seja, para outro pedido.

Boa Sorte!

Para Vencer Dificuldades Financeiras

2 copos de farinha de mesa
1 vidro médio de mel
1 tigela pequena branca
1 laranja seleta

Modo de Fazer

Faça uma farofa com a farinha e o mel e ponha na tigela. Corte a laranja em forma de cruz e coloque no meio todos os seus pedidos escritos a lápis, em papel de seda branco. Coloque esta oferenda em uma praça pública que tenha movimentação de dinheiro e onde exista um banco. Ofereça aos ciganos encantados do ouro e da prata, pedindo com urgência que você resolva de imediato seus problemas financeiros.

Para Limpeza (lojas comerciais)

Antes de abrir uma loja comercial, independentemente do que for vender ou fazer, é necessário que se faça uma limpeza para retirar toda energia passada. Mas nunca é tarde para recomeçar e fazer o que deve ser feito.

Para a limpeza de lojas comerciais, são necessários os seguintes materiais:

Espada-de-são-jorge, guiné, ervas-de-são-gonçalinho, aroeira e erva-de-peregum. À noite espalhe essas ervas em todo o espaço da loja e deixe de um dia para o outro. No dia seguinte, varrer tudo de dentro para fora, quebrar a vassoura, colocar tudo dentro de um saco branco e despachar em um rio de água corrente.

Ao retornar, pegar um molho da erva dinheiro-em-penca e salsinha, macerar bem em um balde com água e lavar todo o ambiente. Providenciar um vaso com as plantas comigo-ninguém-pode e espada-de-são-jorge, e colocar na entrada da loja do lado direito. Assim nenhum mau-olhado entrará e ninguém poderá atrapalhar o sucesso do dono do local. Boa Sorte!

Para Afastar Energias Negativas de Nossa Casa

Quando sentimos que nossa casa está com a energia baixa, devemos fazer uma faxina geral, tomando o cuidado de limpar bem todos os cantos da casa. Após a limpeza, colocar em cada canto de cada cômodo da casa um copinho daqueles que servem cafezinho e dentro dele colocar um pouco de água e três gotas de amônia em cada um. No outro dia, pegar uma sacola sem furo e ir pegando os copinhos, colocando-os dentro do saco e despachar em um rio de água corrente. Quando voltar, perfumar a casa toda com perfume de alfazema. Sua casa ficará leve e muito cheia de energia.

Magias para Afastar Inimigos dos Nossos Caminhos

Para Vencer um Inimigo

1 pote de barro
1 garrafa de vinho espumoso
Folhas de corredeira
Folhas de mostrada

Modo de Fazer

Pegue o pote de barro e coloque o nome do inimigo dentro dele. Jogue todas as folhas de corredeira e de mostrada por cima do nome, e encha o pote com o vinho. Deixe por 21 dias em local seguro onde todos os dias você possa pedir aos ciganos das estradas para levar essa pessoa para bem longe. Ao completar 21 dias, leve tudo e entregue a eles, repetindo seus pedidos para que esse inimigo suma de sua vida para sempre.

Lua: Minguante.

Para Afastar uma Pessoa Indesejável dos Nossos Caminhos

1 prato de barro
1 pé de cera
100 g de alpiste de passarinhos
2 punhais pequenos
1 vela branca
Folhas de corredeira

Modo de Fazer

Pegue todo o material e vá para uma estrada de chão bem deserta. Coloque o prato no chão e, no meio, o nome da pessoa que quer que suma. Cubra com o alpiste, escreva na sola do pé de cera e em cima o nome da pessoa, coloque em cima do alpiste cravando os dois punhais de uma só vez no peito do pé de cera e diga o seguinte: meus ciganos sem acampamento, passem por aqui e levem da minha vida essa pessoa que tanto mal me faz. Ande um pouco e acenda uma vela branca para esses ciganos, pedindo a Deus muita luz para eles. Vá embora sem olhar para trás. Lua: Minguante.

Para Separar Amante do Marido

2 maçãs
1 punhal de corte
1 papel de seda com o nome do marido e da amante
1 papel de seda com o nome da esposa e do marido
Açúcar
Pó do amor
2 velas, sendo uma rosa e uma azul
1 cravo vermelho ou branco
1 rosa vermelha
1 lencinho branco ou rosa

Modo de Fazer

Ir para um lugar bem distante, em uma estrada bem deserta, e sentar-se acomodadamente. Pegue uma maçã e corte ao meio na vertical, dizendo o seguinte: "Eu não estou cortando essa maçã, estou cortando toda relação que existe entre (fulano e fulana)". Escreva os nomes dos amantes em um papel, sendo o dele por cima e o dela embaixo. Rasgue o papel, separando os nomes, dizendo: "Não estou separando os nomes dessas duas pessoas, e sim, separando os dois para que eles nunca mais se vejam". Depois rasgue bem os papéis, coloque junto a uma parte da maçã no chão e atravesse a estrada com a outra parte, coloque no chão e diga o seguinte: "Fulana só vai encontrar fulano de novo quando as duas partes desta maçã se encontrarem novamente". No outro dia, vá a uma campina ou um jardim bem bonito, forre o chão com o lenço e coloque no meio uma maçã em pé, com um buraco no meio, com os nomes do marido e da esposa; cubra com bastante açúcar e pó do amor. Coloque a rosa e o cravo no meio da maçã de forma que fique bem bonito e firme. Pode cortar o cabo da rosa e do cravo. Na frente, acenda as duas velas juntas com o nome dele escrito com palito de dentes na vela azul e o nome dela na vela rosa. Coloque as velas em um recipiente que possa ficar em cima do lenço, para não pegar fogo. Acenda os incensos e faça os pedidos de amor e união para o casal marido e mulher, oferecendo às ciganas encantadas do amor, pedindo fidelidade e união para o casal.

Para Facilitar Rompimento de Má Amizade ou Esquecer um Amor

1 cartolina vermelha
1 caneta da cor preta
Pétalas de rosas vermelhas
2 velas rosas
2 velas azuis
Incensos florais

Modo de Fazer

Vá para a beira de uma praia tranquila onde você possa sentar e fazer tudo sossegada.

Desenhe e recorte na cartolina vermelha dois corações. Em um deles, escreva o nome da pessoa que deseja que se afaste. No outro, escreva o próprio nome. Depois de preparar os dois corações, você pega o que está com o nome da pessoa que quer esquecer, vá até a beira da praia onde as ondas chegam até você, conte sete ondas e, na sétima, coloque o coração e diga o seguinte: "Fulano, assim como eu coloco seu nome neste coração e as ondas vão levar, a partir deste momento você nunca mais vai me encontrar, nem mesmo pensamento você poderá ter para pensar em mim". Peça para tirá-lo dos seus caminhos. Depois volte para o mesmo lugar e escreva seu nome no outro coração, espalhe sobre ele as pétalas de rosas vermelhas e diga o seguinte: "Este coração é meu e de outra pessoa que virá nos meus caminhos e me fará muito feliz. Ele será tão feliz quanto eu serei ao lado dele, e seremos abençoados pela força do amor eterno". Acenda os incensos e as duas velas juntinhas na ponta do coração. Se você já tiver a pessoa que quer como seu grande amor, escreva o nome dela junto ao seu no coração. Aproveite e peça a Nossa Senhora da Conceição as bênçãos para que você possa viver intensamente um grande e eterno amor. Boa Sorte!

Outra para Afastar Pessoas Indesejáveis

1 cebola roxa bem grande
1 retrós de linha preta
1 retrós de linha roxa
1 faca velha e enferrujada
Papel branco sem pauta

Modo de Fazer

Pegue a cebola com casca e corte em cruz com a faca enferrujada. No meio coloque o nome da pessoa que você quer que suma dos seus caminhos. Amarre todo o retrós de linha preta e vermelha até terminar, dizendo o seguinte: "Estou amarrando seus caminhos para que você nunca mais cruze os meus. Suma da minha vida e não volte nunca mais. Peço a Deus que lhe dê luz para outros caminhos, pois também não quero seu mal". Depois vá até a beira de um rio e, de costas, jogue a cebola rio abaixo. Saia e não olhe para trás.

Para Retirar um Inquilino da Sua Casa

Pegue uma casa de cera e vá até o local onde fica a casa que está alugada e aponte a casa de cera em direção a seu imóvel, dizendo o seguinte: "Fulanos (dizer os nomes de todos os que ocupam sua casa), esta é a casa de vocês e eu a levarei para bem longe daqui. Vocês sairão da minha casa e irão morar em outro lugar bem longe daqui, onde serão felizes e me deixarão em paz. Assim como eu saio daqui levando esta casa comigo, vocês sairão deixando minha casa e sumirão dos meus caminhos". Depois saia e vá para um bairro bem distante. Ao chegar lá, escolha um lugar que quiser e diga: "Fulanos, vocês mudarão para este lugar, e aqui encontrarão a felicidade". Aguarde, em poucos dias você terá sua casa de volta.

Para Romper uma Amizade

1 jiló
1 retrós de linha vermelha
1 retrós de linha preta
3 pedras de sal grosso

Modo de Fazer

Pegue o jiló bem grande e bem verde. Corte-o na horizontal tomando o cuidado de não separar. Coloque no meio os nomes das pessoas que quer que se separem, escritos a lápis em papel sem pauta. Escreva dos dois lados e tome o cuidado de escrever um contra o outro. Coloque no meio do jiló com as pedras de sal grosso por cima. Feche e amarre ao mesmo tempo os retroses de linhas preta e vermelha dizendo o seguinte: "Assim como o jiló é amargo, fulano e fulano se amargarão um com o outro e não terão mais amizade e nenhum contato. Que cada um tenha seus caminhos diferentes, para que não se encontrem nunca mais". Coloque dentro de um saco, amarre e jogue em um rio de água corrente.

Para Quebrar as Forças do Inimigo

Escreva a lápis, em um papel branco sem pauta, o nome do inimigo 21 vezes, dividido em três pedaços de papel, sendo sete vezes em cada um. Vá até uma árvore seca que não tenha nem uma folha. Faça um buraco no pé da árvore, vá rasgando os papéis, dizendo o seguinte:

"Fulano, você não pode comigo, mas eu posso com você. Todas as suas maldades e feitiços eu estou destruindo agora, em nome de todas as forças benéficas de luz, e com o poder de São Jerônimo, que é o dono da justiça, você não terá forças para fazer ou desejar mal a mim e a ninguém. Tudo que você já fez, a partir deste momento, fica sem efeito porque o poder de Deus é maior".

Depois enterre os papéis todos picados, jogue terra por cima e diga o seguinte:

"Estou enterrando aqui suas maldades, fulano, e você não terá mais forças para o mal". Pegue da árvore pequenos pedaços de galhos secos e coloque em cima do buraco em forma de uma cruz. Vire-se e saia sem olhar para trás, tomando o cuidado de não passar mais naquele local.

Outra para Quebrar Forças do Inimigo

Quando você tiver de conviver com pessoas que não lhe querem bem e que conseguem tirar sua paz, procure fazer a seguinte oração nas costas da pessoa, mas o melhor mesmo é fazer a prece mentalmente, olhando nos olhos.

Diga o seguinte, "mentalmente":

"Fulano, você não pode comigo, mas eu posso com você. Você é de ferro e eu sou de aço, com a cruz de Cristo eu lhe embaraço".

Eu me chamo (dizer seu próprio nome), sou filho de Deus perfeito, não tenho nenhum defeito, tenho o poder de Cristo que habita em mim.

Se puder, bata o pé três vezes.

ATENÇÃO: Com esta oração, a pessoa pode virar seu amigo e tornar-se uma pessoa de bom coração junto a você.

Para se Livrar do Feitiço Durante o Sono

Quando uma pessoa tem o sono agitado, quase não dorme, e até mesmo tem insônia, faça a seguinte simpatia: pegue um copo virgem e coloque nele água de cachoeira. Se não tiver água de cachoeira, coloque água mineral. Acrescente três pedras de sal grosso e três gotas de azeite de cozinha. Coloque em cima do copo uma tesoura aberta. Toda a noite antes de dormir, reze para seu anjo da guarda e peça que a livre de todos os feitiços e dos feiticeiros. Imagine um sono tranquilo, de lindo e abençoado sonhos. Faça um Pai-Nosso e uma Ave-Maria oferecendo ao seu anjo da guarda.

Para Estar Sempre Bem com as Pessoas

Às vezes, no convívio diário com muitas pessoas, quer seja no trabalho ou em outros lugares que frequentar, há certos momentos em que precisamos fazer algo para que tenhamos um bom relacionamento. Portanto, quando achar que precisa se unir mais a uma pessoa, faça o seguinte:

Pegue um copo e ponha nele um pouco de açúcar, coloque o nome da pessoa e cubra com mais açúcar. Complete com um pouco de água, oferecendo ao anjo da guarda da pessoa, pedindo para que ela se una a você com mais docilidade e carinho, e que adoce o coração da pessoa para que ela seja mansa e prudente junto a você.

Magia do Punhal para Prender uma Pessoa Fofoqueira

1 tábua de carne, mesmo usada
3 punhais de corte
3 velas brancas
O nome da pessoa escrito três vezes em papel sem pauta na cor branca

Modo de Fazer

Em face de Lua Minguante, em lugar tranquilo e reservado, escreva em três pedaços de papel branco, sem pauta, o nome da pessoa fofoqueira.

Em forma de um triângulo, prenda um nome de cada vez com a ponta do punhal, na tábua, e diga o seguinte:

"Assim como eu prendo seu nome nesta tábua, na ponta desse punhal (dizer o nome da pessoa fofoqueira), estou prendendo sua língua na boca, que somente se abrirá para falar e bendizer toda pessoa deste mundo".

Pegar uma vela de cada vez, quebrar e dizer o seguinte:

"Eu não estou quebrando esta vela, estou quebrando as forças de (dizer o nome da pessoa fofoqueira), para que ela não tenha força nem pensamentos para fazer mal a ninguém. Que ela nunca mais faça fofocas com meu nome nem com o nome de mais ninguém".

Colocar as velas quebradas perto de cada nome ao lado de cada punhal. Deixar 21 dias e depois despachar, colocando no pé de uma árvore seca.

Os punhais e a tábua podem ser guardados para necessidade de repetir para outras pessoas, e jogar fora somente os nomes e as velas quebradas.

Magia das Velas

As velas são fontes de energias, de vibrações positivas, de luz, de magias e de amor.

Elas, quando acesas com fé e amor, representam a abertura de caminhos, exorcizam, curam pessoas doentes, ajudam no amor, trazem paz e felicidade, iluminam nossos anjos da guarda.

São usadas de várias formas e em vários lugares, como por exemplo na nossa própria casa para vários fins, em cruzeiros de igreja, nas igrejas, nas praias, nos centros espíritas, nas encruzilhadas, em todas as magias, na estrada, nos aniversários, nas novenas, nos banhos de ofurô e em tantos outros lugares e motivos.

Às vezes, em certos momentos das nossas vidas, quando nos achamos nervosos, perturbados e até mesmo com problema difíceis de resolver, com apenas uma vela você sai de qualquer situação difícil se a mesma for acesa com fé.

Muitas vezes, ao acender uma vela para nosso anjo da guarda, nos sentimos tão aliviados que realmente é uma energia de luz que nos penetra a alma, fortalecendo-nos e nos tornando mais protegidos.

Antigamente as pessoas passavam óleo nas velas, fazendo seus pedidos, e até hoje existem magias que usam óleos, dependendo da causa.

Existem velas de várias cores, feitas de cera ou parafina, perfumadas, e que queimam em 21 dias, em 13 dias, em sete dias, em três dias, em 13 horas, em sete horas, em uma hora, e também as velas de aniversários, que são fininhas e queimam em alguns minutos.

Existem velas perfumadas, que ao acender perfumam todo o ambiente.

As velas feitas com o aroma de mel são maravilhosas quando usadas em magias de amor.

Ao acender uma vela, nunca devemos rodar o palito de fósforo para apagá-lo, e muito menos usar o sopro, tomando o cuidado de depositar o palito usado em um recipiente de metal, e ao apagar qualquer vela, deveremos usar algo que auxilia em apagá-las ou mesmo apagar com as pontas dos dedos.

Só podemos apagar velinhas de aniversário, mas antes devemos fazer nossos pedidos para que eles subam ao céu, e nesse momento os convidados do aniversariante também vibram, cantam, batem palmas, para que ele seja ouvido e atendido através das chamas que representam o amor e a purificação.

As cores das velas são de fundamental importância, pois cada uma tem sua energia e seu fundamento.

Exemplo:

*DOMINGO – o primeiro dia da semana está ligado à chama **azul** na energia do poder, criação, compreensão, verdade e inspiração.*

*SEGUNDA-FEIRA – o segundo dia da semana está ligado à chama **amarela** na energia da sabedoria, criatividade artística e confiança.*

*TERÇA-FEIRA – o terceiro dia da semana está ligado à chama **rosa**, na energia do Divino Amor, e todo sentimento e carinho.*

*QUARTA-FEIRA – o quarto dia da semana está ligado à chama **branca** na energia da pureza, representando a pureza dos nossos pensamentos e atitudes que devemos ter cada vez mais elevados.*

*QUINTA-FEIRA – o quinto dia da semana está ligado à chama **verde** na energia da verdade, esperança, fertilidade e sorte.*

*SEXTA-FEIRA – o sexto dia da semana está ligado à chama **vermelha** na energia da devoção a Deus, força, vontade de viver e paixão.*

SÁBADO – *o sétimo dia da semana está ligado à chama* **violeta** *na energia da transmutação.*

Essas são as chamas associadas aos dias da semana, representando os sete raios, quando nos achamos dentro da necessidade que cada uma dessas chamas nos enviam por meio das suas energias.

Chamas para Nossos Mestres

DOMINGO – MESTRE EL MORYA, *que representa a força, o poder e a proteção –* **chama azul**
SEGUNDA-FEIRA – MESTRE LANTO, *que representa a sabedoria, a paz e o amor –* **chama dourada**
TERÇA-FEIRA – MESTRA ROWENA, *que representa reverência, beleza e tolerância –* **chama rosa**
QUARTA-FEIRA – MESTRE SERAPYS BEY, *que representa ressurreição e pureza –* **chama branca**
QUINTA-FEIRA – MESTRE HILARION, *que representa a verdade, cura e concentração –* **chama verde**
SEXTA-FEIRA – MESTRA NADJA, *que representa misericórdia, paz e devoção –* **chama rubi ou vermelha**
SÁBADO – MESTRE SAINT GERMAIN, *que representa amor, transmutação, liberdade –* **chama violeta**

Chamas para Nossos Orixás

CHAMA AZUL-CLARA – *Iemanjá*
CHAMA AMARELA – *Oxum*
CHAMA ROXA – *Nanã*
CHAMA VIOLETA – *Nanã*
CHAMA VERMELHA – *Ogum*
CHAMA BRANCA – *Oxalá*
CHAMA BRANCA E PRETA – *Omolu/Obaluaiê*
CHAMA MARROM – *Xangô*
CHAMA VERDE – *Oxóssi*
CHAMA ROSA E AZUL – *Ibejês/Crianças*

Magias com as Velas para Mudar uma Situação Desagradável

Quando você se achar em uma situação complicada, desagradável, escreva a lápis o problema em papel branco, sem pauta, e coloque no meio de um pires.

Acenda três velas, sendo uma amarela, uma azul e uma rosa, no formato de um triângulo.

Essas cores juntas significam a chama Trina, a transmutação e, portanto, o problema será solucionado com o poder das chamas e da sua fé.

Magia de Energização na Praia com as Chamas Trinas

Em uma noite de Lua Crescente para Cheia, em qualquer dia da semana, vá até a praia, desenhe um triângulo bem grande na areia com a ponta virada para o mar.

Em cada ponta do triângulo, faça um buraco bem fundo e estreito, e acenda em cada um uma chama. Na ponta virada para o mar, acenda a chama azul. Na ponta da esquerda, acenda a chama amarela, e na ponta da direita, acenda a chama rosa.

Coloque uma rosa amarela junto à vela amarela, uma rosa da cor rosa junto à chama rosa e uma rosa branca ou chá na chama azul.

Sente-se no meio do triângulo na posição de um Buda, respire e expire três vezes, faça um mantra da sua preferência e, depois, entre em oração fazendo todos os seus pedidos com muita fé.

Abra os olhos bem devagarinho, depois que se sentir à vontade.

Esta é uma magia e ao mesmo tempo uma energização, que nos deixa totalmente leves e com muita energia.

Repita em toda Lua Crescente para Cheia, e boa sorte em sua vida!

Magia da Chama Branca para Quebrar as Forças de um Inimigo Muito Forte

Esta magia é muito antiga, pois tomei conhecimento dela quando ainda era muito moça. Ela foi passada para minha mãe quando muito jovem.

Quando uma pessoa a perturba constantemente, ameaçando-a, perseguindo-o ao ponto que você não aguente mais, vá até o cruzeiro de uma igreja, compre uma vela branca e, com o pensamento na tal pessoa, quebre a vela três vezes, dizendo o seguinte:

"Eu não estou quebrando esta vela, e sim estou quebrando as forças de fulano (dizer o nome do inimigo), para que esta pessoa me deixe em paz e siga seu caminho, esquecendo-me pelo resto da sua existência nesta terra. Que ela suma da minha vida e dos meus caminhos".

Repetir estas palavras três vezes enquanto quebra a vela.

Depositar a vela quebrada em um cantinho do local onde acende as velas e acenda outra oferecendo às almas Santas e Benditas, e outra vela para as almas do desterro, pedindo muita luz para que elas a ajudem a se livrar dessa pessoa que tanto a perturba.

Esta magia é infalível, mas tenha muita fé e firmeza para entrar e sair bem do cruzeiro dessa igreja.

Antes de sair, entre na igreja e faça uma prece a um santo ou uma santa de sua devoção.

Imantações

Como Imantar e Preparar a Mesa para o Jogo do Baralho Cigano

Para preparar uma mesa de atendimento com o baralho cigano ou até mesmo outro oráculo, é necessário ter um local limpo, livre de poeira, de barulho, de odores e de infiltrações.

Antes de ter uma mesa de atendimento com qualquer oráculo, é imprescindível que a pessoa esteja realmente pronta para esse trabalho que, além de ser sério demais, implica respeito aos bons espíritos de luz que nos protegem, como nossos mentores e nossos anjos guardiões, pois sem eles nada acontece.

A mulher cartomante deverá esperar pelo seu cliente totalmente limpa, perfumada e bem arrumada.

Deverá tomar um banho com uma essência floral, para se sentir bem e com uma vibração espiritual que vai ajudar muito na intuição e na vidência.

Nunca deve atender alguém sem hora e dia marcados para a leitura do baralho.

O cliente deverá entrar em contato com a cartomante dias antes do jogo, deixando nome de batismo completo e data do nascimento.

Não deverá fazer perguntas ou indagar a vida do consulente.

Jamais atender pessoas que estiverem nervosas, tomando então o cuidado de acalmá-las.

O consulente ou a consulente deverá estar vestido de uma forma que seja apropriada para o local do jogo, ou seja, sem roupas muito curtas ou bermuda.

Preparo e Imantação da Mesa do Baralho Cigano

Como já foi explicado, o local em que estará a mesa de jogo deverá estar totalmente preparado, limpo e perfumado. A mesa de jogo pode ser feita da seguinte forma:

Nunca jogar em mesa quadrada, sempre redonda.

Forrar com uma toalha vermelha ou amarelo-ouro, fazendo os seguintes desenhos em volta da toalha: um sino, um peixe, uma moeda, uma estrela de cinco pontas, um punhal, um taça, uma estrela de seis pontas.

Significados dos Desenhos da Toalha

SINO – *símbolo da perfeição, pontualidade e disciplina. Antigamente, nos séculos passados, o sino era utilizado como relógio.*

PEIXE – *significa a fartura, prosperidade, e é o símbolo da Cristandade. Os adornos em forma de peixe são muito usados para atrair prosperidade e fartura.*

MOEDA – *simboliza o equilíbrio, a justiça, a riqueza material e espiritual, pois é representada pela cara e coroa. Cara representa o lado físico e coroa o lado espiritual. É usada para atrair energias positivas e prosperidade.*

ESTRELA DE CINCO PONTAS – *simboliza o homem, representa a magia e a vidência. Usada como talismã de proteção, ela representa o domínio dos cinco sentidos e está associada à sorte e ao êxito. É também conhecida como Pentagrama.*

PUNHAL – *símbolo da ação da justiça, e representa a honra, sucesso e vitória. Nos rituais de magias, o punhal tem o poder da transmutação. É usado nas cerimônias de casamentos, em que é feito um corte nos pulsos dos noivos, unindo o sangue e representando a união dos noivos em um só coração.*

TAÇA – *representa a água, a fertilidade e a união. No casamento cigano, é servido aos noivos um vinho especial, quando eles tomam em uma única taça representando o valor da eterna comunhão do amor.*

ESTRELA DE SEIS PONTAS – *são dois triângulos entrelaçados, simbolizando as forças espirituais e o escudo de Davi. É um talismã usado como proteção contra inimigos visíveis e invisíveis; considerada como a estrela dos ciganos e símbolo dos grandes chefes.*

Imantação da Toalha

Antes de forrar a mesa com a toalha já preparada com os desenhos, é necessário que a mergulhe em água de anil, com essências de canela, cravo e com um pouco de açúcar.

Coloque a toalha para secar em lugar com sombra, sem torcê-la.

Após a secagem, incensá-la com incenso de cravo e de canela e depois forrar a mesa e colocar nela os materiais que deverão permanecer sempre sobre a mesa de jogo.

Material para Mesa de Jogo do Baralho Cigano

1 baralho cigano
1 taça de cristal com água
1 punhal iniciático
1 sino pequeno
3 pirâmides, sendo uma maior que a outra
1 chave antiga de cobre ou de metal

1 recipiente de vidro transparente para os dados
1 vidro de perfume de sua preferência
1 concha do mar
3 dados
1 pataca
7 moedas antigas
3 cristais, sendo: quartzo rosa, ametista e lápis-lazúli
1 castiçal
1 vela da sua cor preferida
1 incensário
Uma pequena imagem de Santa Sara Kali ou de Nossa Senhora Aparecida

Imantação e Encantamento do Baralho Cigano

Material

1 prato transparente
1 taça de cristal com água mineral
7 pedrinhas de cristal semipreciosas
7 varetas de incensos de vários aromas
7 velas coloridas
Pétalas de rosas secas de todas as cores
Gotas de perfume de jasmim

Modo de Fazer

Em uma tarde de Lua Crescente, lave a taça de cristal e encha de água mineral; depois coloque no centro do prato que deverá estar limpo e seco.

Coloque dentro da taça de cristal as sete pedrinhas de cristal e as gotas de perfume de jasmim.

Abra as cartas do baralho cigano em volta da taça, no sentido horário, tomando o cuidado de deixar as cartas que não são positivas por debaixo das positivas.

Todas as cartas deverão estar viradas no sentido positivo para quem está fazendo essa imantação.

Cubra tudo com as pétalas de rosas, borrife o perfume de jasmim e acenda as velas em volta do prato com as varetas de incenso próximas.

Procure acender as velas em uma tampa de garrafa, de forma que não tombe e fique bem segura.

Ao acender, procure seguir o sentido horário.

No outro dia, recolha as lâminas e coloque as pedras em um recipiente para depois usar na mesa de jogo.

Recolha as pétalas de rosas e faça um defumador no local onde ficará a mesa de jogo do baralho cigano.

Imantação e Encantamento dos Dados

Material

3 dados
1 tigela branca
1 vela de sete dias
1 pedaço de aipim
Frutas cristalizadas
6 folhas de louro verdes e inteiras sem defeitos
1 incenso de ópio

Modo de Fazer

Lave os dados com água de cachoeira ou água de chuva e incense um por um.

Rale o aipim, junte as frutas cristalizadas e coloque dentro da tigela.

Por cima do aipim com as frutas cristalizadas, coloque os dados no sentido de um triângulo, com o número 6 virado para cima, e em volta da tigela finque as folhas de louro no sentido horário e acenda os incensos.

Acenda a vela de sete dias ao lado da tigela e coloque a taça com a água de cachoeira ou de chuva ao lado da vela de sete dias.

Após a vela queimar até o fim, recolha os dados, jogue a água em água corrente, guarde a taça e a tigela e coloque o restante em um matinho bem verde, ou no pé de uma árvore bem frondosa (não lave os dados).

Imantação e Energização dos Cristais

A importância dos cristais em nossa mesa de jogo é fundamental, pela energia que cada um possui.

Para que tenhamos a energia dos cristais fluindo nas nossas vidas, é preciso que cuidemos deles.

Quando um cristal está sujo, carregado de energias negativas, ele perde o brilho totalmente, e é aí que temos de imantá-los para que eles voltem a ter o brilho próprio de cada um, trazendo as energias que tanto precisamos ter.

Existem várias formas de energização e imantações para os cristais, mas o importante é que façamos com muito carinho e não deixemos que eles percam o brilho do seu magnetismo.

Modo de Fazer

Pegue seus cristais e lave-os com água abundantemente e depois coloque em um recipiente transparente, de preferência um pote com água mineral sem gás e sal grosso.

Deixe por três horas e logo após retire-os e lave seus cristais com bastante água corrente.

Depois de bem lavados, coloque no pote com água mineral sem gás e deixe-os no sereno até o outro dia, tomando o cuidado de retirá-los até o meio-dia.

Assim seus cristais estarão prontinhos para ser usados.

Quando estiver chovendo com trovoadas e raio, coloque seus cristais para pegar a energia da chuva e dos trovões.

Quando formos à cachoeira, devemos levar nossos cristais, tendo o cuidado para não os perder na correnteza.

Se quiser, faça uma trouxinha e coloque seus cristais dentro dela e prenda em uma pedra, para que assim eles possam pegar bastante água, descarregar-se e não ter o perigo de perdê-los.

Essas limpezas de energizações e imantações dos nossos cristais são fundamentais, para que os tenhamos sempre carregados de fortes e boas energias.

Como Imantar as Imagens da Mesa de Jogo do Baralho Cigano

Deixar em infusão um pouco de três qualidades de água, sendo: água de chuva, água do mar e água de cachoeira ou mina (aproximadamente um copo) com pétalas de rosas brancas, flor do campo e mais gotas de sete essências de aromas diferentes, como: rosas, jasmim, violeta, almíscar, sândalo, patchuli e verbena.

Acrescente também anis-estrelado e sete cravos ralados sem a bolinha.

Salpique essa mistura nas imagens, mentalizando a limpeza e a imantação, pedindo a Deus que elas sejam a presença de Santa Sara e de Nossa Senhora de Aparecida.

Passe toda a mistura nas imagens com carinho e fé, fazendo seus pedidos de energização.

Assim você terá em sua mesa de jogo uma imagem que a protegerá de todo mal e lhe dará segurança e bem-estar.

Imantações das Peças da Mesa de Jogo do Baralho Cigano

Todo o material comprado para a mesa de jogo do baralho cigano, como por exemplo a taça de cristal, o recipiente de vidro de guardar os dados, o sino, a chave, as moedas, a pataca, o incensário e a concha do mar deverão ser muito bem lavados com água corrente, depois na água com sal grosso, novamente com água corrente, depois com água açucarada e por último em bastante água corrente.

Essa é uma forma de energização das peças, retirando delas as energias ruins e deixando-as com energia positiva.

Depois dessa energização, deixe todas as peças secarem em cima de um pano limpo de cores vivas e, após a secagem, leve-as para a mesa de jogo.

Para Montar a Mesa de Jogo do Baralho Cigano

Lave e perfume suas mãos.

Forre a mesa com a toalha já imantada e coloque a imagem de Santa Sara ou de Nossa Senhora de Aparecida.

Acenda a vela no castiçal, tomando o cuidado de não cair.

Acenda o incenso no incensário.

Posicione as pirâmides, começando da menor (esquerda para a direita).

Ajeite os dados dentro do recipiente de vidro transparente, tomando o cuidado de deixar virados para cima os números 6.

Posicione as moedas antigas.

Coloque a taça com água e o punhal atravessado na taça virado para o lado que ficará o consulente.

Coloque a concha do mar.

Ajeite os cristais no pé da taça, sendo o quartzo-rosa do lado esquerdo, a ametista na frente da taça e o lápis-lazúli do lado direito.

Coloque a chave.
Coloque o baralho cigano e uma pataca em cima dele.

Saudação ao Povo Cigano

Salve o Povo Cigano, salve todo o Povo do Oriente.
Salve todos os ciganos e ciganas.
Salve minha cigana, que com as graças de Deus me acompanha, protege-me e me auxilia nas minhas intuições dentro dos meus trabalhos espirituais.
Que todas as forças benéficas de luz me iluminem, para que eu faça um trabalho de amor e fé.
Que eu seja capaz de captar a mais pequenina intuição dada a mim por Deus, e que me sejam permitidos meus trabalhos espirituais do dia de hoje com a proteção de Santa Sara Kali, de Nossa Senhora de Aparecida, de minha cigana e de todos os Santos de Deus onipotente.
Amém.

Como Montar um Altar Cigano

O local para montar um altar cigano deverá estar limpo, sem sujeiras, odores e sem infiltrações.
Deve ser um ambiente sem barulhos e exclusivo para orações.
É de muita responsabilidade montar um altar cigano dentro da nossa casa.
A presença das imagens ciganas nas nossas moradas é uma forma de homenagem, mas não indispensável, pois é, como se sabe, as vibrações energéticas estão no ar, mas como o povo cigano tem suas características marcantes, como a beleza e o orgulho pela sua raça, funcionam como um ímã, um canalizador de energias que vibram nas nossas vidas trazendo-nos energias de amor, prosperidade e segurança.

É muito importante ter um casal de imagens ciganas, pois eles protegem nosso ambiente.

Não é necessário ter padrão de altura para ter um altar cigano.

Forre uma mesa, ou um móvel de sua preferência, com um lenço muito bonito e de preferência de seda colorido, ou florido, desde que não tenha a cor preta.

Coloque nele a imagem de Santa Sara Kali, de Nossa Senhora de Aparecida, imagens da sua cigana e do cigano.

Providencie um castiçal para que possa manter sempre acesa uma vela de sete dias, tomando o cuidado para não tombar.

Coloque os cristais canalizadores de energias, uma taça com água mineral, um vaso com flores naturais, um baú para guardar suas moedas e dinheiro.

Coloque um tacho de cobre com as seguintes frutas:

MAÇÃ – representa a força feminina, o amor e a sabedoria.

PERA – representa a força masculina, saúde e progresso.

UVAS – representam a prosperidade, e deverão ficar metade dentro do taxo e a outra metade para fora.

ROMÃ – representa a presença da espiritualidade.

As frutas são oferendas para os espíritos ciganos e, ao colocá-las, deveremos fazer nossos pedidos com muita fé e confiança, acendendo uma vela colorida, pois a chama representa os espíritos antigos para os ciganos.

É permitido também colocar uma bebida como um bom vinho em uma taça, que é muito bem-vindo a um altar cigano.

O altar cigano representa proteção e fortaleza em nossa casa, pois se torna um lugar de luz que ilumina todo o ambiente.

Devemos manter sempre frutas frescas e, quando necessário, deixar no pé de uma árvore bem frondosa.

Simbolismos das Frutas Ciganas

ABACATE – o abacate é de origem mexicana, e isso não faz diferença alguma para os ciganos que gostam de frutas doces. Ao colocar abacate em uma mesa para os ciganos, devemos dar três cortes na vertical e descer a casca até o meio da fruta.

AMORA – a amora para os ciganos é uma fruta extremamente bem chegada a uma mesa, juntamente com as framboesas, que significam as paixões loucas do amor verdadeiro, pois são frutas afrodisíacas.

AMÊNDOAS E CASTANHAS – essas frutas são muito usadas na passagem do ano-novo, para atrair a prosperidade. Os ciganos dizem que também atrai o apetite sexual.

BANANAS OURO OU PRATA – São frutas que na minha opinião nunca devem faltar na mesa cigana, pois representam a prosperidade. Devem ser colocadas na mesa, de cinco em cinco, com as pontas viradas para cima, pois têm uma grande significância para os ciganos.

CEREJA – em um casamento cigano, essa fruta está sempre presente na mesa, pois representa o amor e é muito usada para a decoração.

DAMASCO – a cor alaranjada do damasco fortalece a sexualidade, pois é uma fruta afrodisíaca muito usada pelos ciganos, tanto a fruta como o doce feito de damasco.

FIGO – o figo também é uma fruta que estimula o apetite sexual e, quando se faz necessário, usa-se como um chá para diminuir a ansiedade e até mesmo a depressão.

MORANGO – os morangos são por excelência uma fruta que faz parte fundamental de uma mesa cigana, pois ela é a fruta dos apaixonados. O casal apaixonado chega a dividir o morango nas próprias bocas em momentos de amor e paixão.

MELÃO – o melão veio da Ásia e também é uma fruta fundamental na vida cigana. Ele significa a prosperidade, e é muito usado em magias ciganas com esse fim e também para a união de um casal.

MAÇÃ – a maçã está presente em tudo na vida de um cigano. Nos rituais ciganos, na mesa cigana, usada até mesmo em banhos com outros ingredientes, ela dá um resultado maravilhoso. É realmente uma fruta sagrada e todos gostam de uma maçã. Nos casamentos ciganos, a maçã é uma das frutas mais destacadas, pelo poder que ela tem representando o amor e a paixão.

PERA – a pera também tem seus poderes e é uma preferência dos ciganos, juntamente com as maçãs.

Representa a imortalidade, a saúde e também a prosperidade.

ROMÃ – essa fruta é muito usada para os rituais de prosperidade, pois ela atrai dinheiro e felicidade. Muitos a procuram para fazer patuás no dia 6 de janeiro, que é Dia de Reis, quando são saudados os três Reis Magos.

UVAS – os ciganos costumam comer 12 uvas na passagem do ano e guardar os caroços em uma nota de dinheiro, para atrair mais riqueza. Ao comer cada uva, faz-se um pedido e eles acontecem com certeza.

Banhos

Os banhos são usados para várias situações. Mas devemos respeitar as tradições, segundo já diziam os mais velhos. Existem banhos em que devemos observar a Lua, o dia e até mesmo o horário. Às vezes passamos por situações que nos desequilibram, e então começamos a nos sentir mal. Nossa aura é como se fosse uma antena que recebe vários tipos de energias, às vezes energias estranhas que se acumulam por algum tempo e acabam nos trazendo até mesmo doenças. O banho feito com determinadas ervas limpa nossa aura, fazendo com que ela volte a funcionar com harmonia, recebendo energias positivas e beneficiando nosso corpo físico, e então começamos a nos sentir melhor. Cada erva tem suas características e energias, e elas podem ser misturadas trazendo melhor resultado e, se assim for, usar sempre em números ímpares. Para fazer um banho, devemos primeiro ver o problema para poder usar a erva certa, com as propriedades adequadas para cada situação.

Não são necessárias quantidades grandes, apenas um punhado de cada uma. Coar, passar para um jarro e, depois de um banho normal, jogar o banho feito com as ervas do pescoço para baixo. Mas também existem ervas que se joga da cabeça aos pés. Para tomar os banhos, devemos usar ervas frescas, mas também podemos deixá-las secar e depois usar em punhados. Não devemos deixar nenhuma erva ferver em água quente. Primeiro fervemos a água, colocamos as ervas, abafamos, deixamos em infusão e, depois de coar, podemos tomar o banho.

Os banhos deverão ser feitos sempre na hora de usá-los. Nunca devemos deixar banhos feitos em geladeira. Se sobrar, jogue em água corrente, e o que for coado jogue em um jardim ou mato limpo.

Secar sempre com toalhas limpas.

Exemplo de Algumas Ervas e suas Propriedades

Abre-caminhos – *renova as forças e abre caminhos*

Alecrim – *clareia a mente*

Arruda – *limpeza e proteção*

Canela com folhas de louro – *prosperidade*

Cravo-da-índia – *prosperidade*

Desata-nó – *abertura de caminhos*

Erva agarradinho – *atrai o amor*

Erva-doce com açúcar – *boas energias para o amor*

Guiné – *limpeza e proteção*

Louro – *prosperidade*

Manjericão – *limpeza e proteção*

Rosas brancas – *limpeza*

Rosas vermelhas – *para o amor e paixão*

Vence-demandas – *aberturas de caminhos*

Para Limpeza do Corpo Físico

Tomar um banho durante três semanas seguidas das seguintes ervas:
Desata-nó
Abre-caminhos
Vence-demandas

Modo de Fazer

Separe as ervas para três banhos. O primeiro banho deve ser macerado porque as folhas deverão estar verdes, por ser compradas frescas. O restante deverá ser guardado em uma sacola de papel, para não estragar. Macere bem as ervas do primeiro banho, coloque água fria ou morna, e depois de uns 15 minutos coe. Jogue esse banho no corpo do pescoço para baixo, com muita fé.

O segundo e terceiro banhos deverão ser feitos da seguinte forma: ferva um litro de água, desligue o fogo e coloque um punhado das ervas e deixe em infusão durante 30 minutos. Depois coe e tome o banho do pescoço para baixo. O que for coado deverá ser jogado em um matinho verde e limpo. A cada banho tomado, seque com uma toalha limpa e acenda uma vela de sete dias oferecendo ao anjo da guarda. É muito bom que a pessoa que tomar esse banho possa ficar repousando por pelo menos uma hora, pois assim terá um resultado melhor e se sentirá mais leve, aliviada de cargas negativas.

Outro Banho para Limpeza

3 galhos pequenos de arruda
3 galhos pequenos de manjericão
3 galhos pequenos de guiné
1 pequeno punhado de sal grosso

Modo de Fazer

Macere as ervas com muita fé e em oração. Deixe em infusão por 30 minutos, coe e jogue do pescoço para baixo, acendendo uma vela de sete dias e oferecendo ao anjo da guarda.

Banho para Atrair um Amor

Esse banho deverá ser feito em uma banheira, mas, caso não seja possível, faça-o em uma panela, e ao tomar o banho transfira para um balde, jogando da cabeça aos pés.

1 pacote de erva-doce
3 raminhos de erva agarradinho
3 raminhos de arruda
Açúcar cristal
Pétalas de uma rosa vermelha
Gotas do perfume dama-da-noite

Modo de Fazer

Deixe ferver dois litros de água, coloque toda a erva e desligue o fogo. Acrescente as pétalas de rosas, o açúcar e o perfume. Deixe por um tempo e, em seguida, coe e tome o banho da cabeça aos pés, mentalizando a cigana dos seus caminhos. Tudo que for coado coloque em um matinho e nunca jogue no lixo.

Banho para Prosperidade e Abertura de Caminhos

1 pote transparente de vidro sem tampa
7 folhas de louro
7 pequenos pedaços de canela
7 cravos sem a bolinha
1 cristal transparente canalizador com várias pontas
3 punhados de arroz branco
1 garrafa de água mineral
1 vela verde
Todas as peças de ouro que a pessoa tiver

Modo de Fazer

Em noite de Lua Crescente, lavar bem o pote, colocar todos os ingredientes e deixar no sereno. No dia seguinte, às 6h, coar tudo e colocar todas as peças de ouro no corpo. Derramar o banho da cabeça aos pés e colocar o que coou em um pano ou papel branco, levar até o pé de uma árvore muito frondosa e acender uma vela verde, pedindo muita saúde e prosperidade.

O cristal deverá ser guardado em um pote com água filtrada ou mineral e trocar essa água toda semana. Quando repetir o banho, poderá usar o mesmo cristal.

Chás

Muitas pessoas gostam do uso de chás. Eu, por exemplo, tomo chá quase todos os dias, à noite, e é muito bom saber fazer o uso corretamente.

Exemplo: Os chás devem ser preparados por infusão. Eu não gosto de ferver nenhuma erva. A infusão quer dizer ferver a água, colocar a erva e deixar em um recipiente coberto por uns 20 minutos. Utiliza-se esse método para o uso de folhas, ervas aromáticas e flores, pois, se deixarmos que elas fervam, com certeza perderão toda a essência e até mesmo a energia que contêm. Isto também poderá causar a perda do real paladar que elas possuem.

O processo dos chás feitos com raízes, cascas e sementes é diferente. Nesse caso, fervemos esses produtos por uns 15 minutos.

Para sabermos a quantidade de ervas que devemos usar para cada litro de água, usamos como medida nossas próprias mãos. Colocamos as ervas em folhas nas mãos e fechamos, e assim a quantidade está exata para um litro de água. Quando se trata de sementes, podemos usar uns 20 gramas para cada litro de água. Depende muito da erva que estiver usando.

Todas as vezes que tiver de tomar um chá, é muito bom prepará-lo na hora que for tomar. Quando se prepara um chá e deixa por mais de um dia, ele perde o valor das suas propriedades; por isso, aconselha-se a fazer exatamente a quantidade certa para o uso do momento.

Quando se trata de um chá que se faz com um litro de água, como por exemplo o de carqueja, ele deverá ser consumido em no máximo dois dias. Nunca deixe chás em geladeira por muitos dias. Devemos usar vasilhas para preparar os chás em material esmaltado ou de alumínio, retirando em seguida e colocando em um recipiente de vidro. Muitas pessoas gostam de adoçar os chás, mas depende muito do chá que estiver usando. Existe, por exemplo, o chá de folhas de boldo, que serve para vários sintomas. Esse chá não é adoçado e, quando se trata de adoçar algum chá, é muito bom que se use o mel, ainda mais quando se trata de um chá que se toma para quando estiver gripado, resfriado. É muito importante que adoce o chá com mel quando o mesmo estiver bem morno. Nunca coloque mel em chá fervendo, espere esfriar para que ele não perca o sabor com o calor.

Ervas Medicinais:
Exemplo de Algumas Ervas e Suas Funções para a Saúde

Anemia – alecrim, manjericão, dente de alho roxo, cavalinha
Asma – hortelã, funcho
Artrite – malva, catinga-de-mulata
Bexiga – cavalinha, mil ramas
Bronquite – sabugueiro, bardana
Cabelo – babosa, sálvia, alfazema, casca de juá
Cálculos – dente-de-leão, salsa
Calmante – erva-cidreira, camomila, funcho
Cistite – cavalinha, quebra-pedra
Cólica menstrual – boldo, losna
Confusão – artemísia
Coração – sálvia, confrei
Coqueluche – alfazema, alecrim
Depressão – alecrim
Depurativo do sangue – cavalinha, confrei

Digestão difícil – boldo
Diabetes – poejo, tanchagem, funcho
Dores de cabeça – losna, boldo, camomila
Enxaqueca – erva-cidreira, salsa
Estômago – boldo, erva-cidreira, camomila
Fígado – salsa, mil ramas
Furúnculo – folha de maravilha, água morna
Gazes – boldo, manjerona, alfazema
Hepatite – boldo, confrei
Insônia – erva-cidreira, poejo, hortelã
Náuseas – boldo, losna
Hemorragias – cavalinha, confrei
Inflamações – tanchagem
Pressão alta – casca de chuchu, salsa
Reumatismo – artemísia, dente-de-leão, manjerona
Rins – cavalinha, cabelo de milho, quebra-pedra

ATENÇÃO: A erva tanchagem é chamada por muitos de transagem, mas o correto é TANCHAGEM.

Para Ter uma Pele Bonita e Saudável

Para conservar uma pele bonita, jovem e saudável, são necessárias várias precauções. Primeiro temos de dormir bem, ou seja, no mínimo oito horas por dia. Tomar no mínimo dois litros de água por dia. A alimentação é um ponto muito interessante para a beleza da nossa pele, por exemplo:

1 – O uso de frutas e verduras cruas e ricas em proteínas.
2 – O intestino regular.
3 – O estresse e a fadiga são alguns dos principais motivos que ajudam a envelhecer a pele.
4 – A insônia, noites maldormidas envelhecem muito a pele.

Quando eu era muito menina, uma cigana me ensinou que lavar o rosto com o orvalho da manhã, além de deixar a pele linda, nos deixa mais atraentes. Fazer uso de levedo de cerveja todos os dias, procurar comer alimentos ricos em vitaminas para a pele; tudo isto é imprescindível.

Existem vários segredos e truques incríveis de beleza que estão ao alcance de todos e com grande facilidade de achar.

Atenção

Para usar o orvalho da manhã, é só manter no nosso jardim ou mesmo em casa uma plantinha com folhas limpas em que à noite elas peguem o sereno e de manhã bem cedinho podemos colher a água que se armazena nelas durante a noite em forma de sereno.

Para os Cuidados da pele

Alecrim – o chá de alecrim é um estimulador da circulação e previne a oleosidade da pele.

Algas-marinhas – hidratante, nutritivo e revitalizante.

Babosa/aloe vera – antienvelhecimento, hidratante e revitalizante para peles sensíveis e danificadas.

Banana – emoliente, amaciante, hidratante, revitalizante para peles secas.

Camomila – adstringente, antialérgica, refrescante, antiinflamatória, fotoprotetora, calmante para peles sensíveis e danificadas.

Cenoura – emoliente, amaciante nutritivo, revitalizante para peles sensíveis.

Confrei – possui aloantaina, que tem propriedades amaciantes e curativas, estimulando a produção de células da pele.

Modo de Usar

Fazer a infusão da folha e da raiz no leite. Deixe esfriar, coloque para gelar e use como compressas, deixando uns 20 minutos, e logo a seguir uma outra compressa gelada com chá de camomila.

Outras Ervas

Erva-Cidreira e erva-doce – refrescante, estimulador da circulação periférica, analgésica, emoliente, antiacne, para pele oleosa.

Lecitina – é um remédio natural e eficaz para espinhas, acnes. Tomar duas vezes ao dia. O resultado é surpreendente.

Levedo de cerveja – tomar levedo de cerveja diariamente ajuda na secreção da pele, eliminando o que ainda está dentro da pele.

Limão – o uso do limão misturado ao açúcar fino é maravilhoso para acabar com manchas escuras que aparecem na face.

Modo de Usar

Fazer uma pasta com limão e açúcar fino e passar somente nas manchas, deixando uns dez minutos. Se necessário, repetir de três em três dias. Não pegar sol.

Esfoliante Natural

Mel e fubá – O mel é um alimento natural e é ótimo para o uso na limpeza de pele, e misturado ao fubá, que também é um alimento muito natural, funciona como um esfoliante da pele.

Modo de Usar

Pegar duas colheres de sopa de mel, misturar fubá até obter uma pasta bem mole; depois, passar com suavidade no rosto com as pontas dos dedos. Deixar por cinco minutos, lavar com bastante água e, em seguida, colocar compressas de chá de camomila gelado.

Bebidas

Bebida Afrodisíaca

1 litro de vinho especial suav ou seco
Raiz de aspargo

Modo de Fazer

Ferver o vinho com a raiz de aspargo, deixar em infusão por sete dias enterrado na terra, para pegar a energia. Tomar um cálice em jejum até terminar.

Outro Afrodisíaco

1 litro de vinho de boa qualidade
Cipó-cravo
3 pedaços de canela em pau

Modo de Fazer

Retirar um pouco do vinho, colocar os ingredientes dentro da garrafa e se necessário retornar o vinho retirado. Deixar em infusão por sete dias enterrado na terra para pegar a energia. Após os sete dias, retirar a garrafa e tomar um cálice da bebida no almoço e jantar.

Vinho com Raízes de Valeriana

Esta receita feita com valeriana, que é uma das plantas muito utilizadas pelos ciganos, fortalece o espírito, acalma e ameniza muito o estresse.

1 raminho de alecrim
6 cravos-da-índia
3 pedaços de paus de canela pequenos
Casca de uma laranja-da-terra
3 raízes de valeriana
1 garrafa de vinho branco seco de boa qualidade

Modo de Fazer

Coloque as cascas da laranja-da-terra em infusão durante 24 horas. Corte a raiz de valeriana, as cascas da laranja e o ramo de alecrim em pedaços pequenos. Retire as bolinhas do cravo, quebre os paus de canela em pequenos pedaços. Retire um pouco do vinho da garrafa e coloque todos os ingredientes. Feche bem a garrafa, embrulhe-a em um pano escuro que não seja preto e guarde em lugar fechado. Exemplo: dentro de um armário que não abra toda hora, deixando macerar durante 21 dias.

Após esse processo, tomar um cálice no almoço e jantar em dias alternados.

Talismãs

Talismã para a Sorte

Vá a um rio, pegue uma pedra pequena e deixe lá uma moedinha.

Coloque dentro de um saquinho da cor verde, junto com uma estrela de cinco pontas, um pedaço de canela em pau, sete cravos sem a bolinha, sete folhas de louro, sete pétalas de rosa vermelha e três folhas verdes do galho dessa rosa. Faça esse talismã na fase da Lua Crescente e, apontado para ela, diga o seguinte: "Este é meu talismã, o talismã da sorte. Ele me trará saúde, paz, amor, dinheiro, caminhos abertos e muita felicidade. Ele me dará proteção contra qualquer mal e perigo e estarei segura. Acenda um incenso de cravo e canela, passe em volta dele e coloque para queimar o restante do incenso no tempo".

Talismã Cigano

1 estrela de cinco pontas de aço
1 estrela de seis pontas de aço
1 pequeno galho de arruda
1 folha de louro
1 oração de São Jorge

Modo de Fazer

Lave e incense todas as peças, dobre a oração de São Jorge e faça uma trouxinha com pano amarelo, usando um pedaço de fita amarela para dar um laço. Use na carteira e, se perder, refaça. Boa sorte!

Talismã do Amor

Pegue um pouquinho de areia da praia e deixe lá uma moeda no mesmo lugar. Pegue uma pequena pedrinha em uma cachoeira e deixe lá outra moeda no mesmo lugar. Compre um coração de aço e, depois de lavar e incensar, embrulhe tudo em um pedaço de seda na cor vermelha e diga o seguinte: "Este é o talismã que me dará sorte no amor. Cada grão de areia será um dia de felicidade para nós dois. Esta pedra de mamãe Oxum vibrará em nós como a energia de um diamante. Este coração de aço fará com que nosso amor seja tão forte que ultrapassará todos os possíveis obstáculos e jamais deixará que nos separe nem por um segundo sequer. Viveremos um para o outro, e levaremos a alegria do amor por toda parte em que passarmos". Guarde esse talismã com muito carinho e sempre que puder deixe-o pegar a energia da Lua cheia, colocando do lado dele duas velas brancas, pedindo a união do casal.

Esse talismã é da Cigana Núbia.

Talismã para Dar Sorte no Local de Trabalho

Compre uma figa de guiné do tamanho do dedo mínimo, lave com bastante água açucarada e depois com bastante água da bica. Deixe pegar sereno ou chuva e depois embrulhe em um pedaço de pano verde, leve para o trabalho e diga o seguinte: "Esta figa representa minha segurança no meu trabalho".

Talismã da Prosperidade

3 cravos
3 folhas de louro
1 anis-estrelado
1 dandá-da-costa
1 colher de café de erva-doce
3 caroços de milho amarelo
1 moeda de um real

Modo de Fazer

Pegue todo o material e embrulhe em um pedaço de pano verde. Amarre com fita de cetim na cor verde, dando um pequeno laço, e guarde-o na carteira. Se perder, faça outro. Esta magia é feita na Lua Nova.

Talismãs dos Ciganos

ÂNCORA

A âncora é usada para trazer equilíbrio e segurança. Como amuleto, traz sorte financeira e nos livra das perdas materiais daquilo que conquistamos.

CHAVE

A chave é usada para trazer equilíbrio, força e segurança. É também usada para abrir caminhos e ter sorte nos bons negócios financeiros. Deve ser de cobre ou prata, para atrair riquezas e sucessos.

CORUJA

A presença da coruja nos traz sabedoria e nos ajuda no progresso da nossa intuição. Ter uma peça na forma de uma coruja em nossa casa faz com que a nossa percepção seja mais aguçada, possibilitando mais sabedoria.

PUNHAL

O punhal é um símbolo cigano usado nas cerimônias de noivados e casamentos ciganos. Representa o poder, a vitória, a força e a coragem. Impõe respeito e corta o mal usado em determinados preceitos.

RODA

A roda representa o ir e vir, o círculo que representa a vida, a morte e o renascimento. Atrai o equilíbrio e a evolução. É um grande símbolo do povo cigano, representado pelas rodas das carroças que giram pelas estradas da vida.

TAÇA

A taça simboliza a união. Qualquer bebida servida em uma taça adquire outro sabor bem mais especial. Noivos ou mesmo casais de enamorados tomam vinho em uma só taça, representando união e comunhão eterna.

TREVO

O trevo de quatro folhas é o símbolo da fortuna e da felicidade. É muito bom manter nas nossas moradas um vaso de trevo, que, cuidado com carinho, traz a energia e a vibração da boa sorte.

ESTRELA DE CINCO PONTAS

A estrela de cinco pontas associa-se a intuição e sorte. Representa o domínio dos cinco sentidos. Simboliza o homem de braços abertos em perfeita harmonia e equilíbrio.

ESTRELA DE SEIS PONTAS

É usada como talismã contra possíveis inimigos. Conhecida também como a estrela de Davi, é o símbolo dos grandes chefes ciganos. São dois triângulos entrelaçados, que representam sucesso e evolução.

FERRADURA

A ferradura é um forte talismã da sorte. Traz energias positivas, afasta as energias que não são benéficas de luz. A presença da ferradura na nossa morada atrai a boa sorte e a fortuna.

MOEDAS

A moeda associa-se ao equilíbrio e à justiça. Relaciona-se à riqueza espiritual e material. Representada pela cara e coroa, o lado da cara é a riqueza material e o lado da coroa é a riqueza espiritual.

Os Sete Ensinamentos Ciganos

1 – AMOR
Viver no nosso acampamento repartindo nosso pão de cada dia, nossas alegrias e até mesmos nossas aflições.

2 – LEALDADE
Nunca abandonar nossos irmãos quando precisarem de nós, estando juntos na alegria e na tristeza.

3 – HUMILDADE
Jamais se importar em ser ou não ser rico, apenas em ajudar e servir a quem precisa, seja ou não cigano.

4 – ORGULHO
É estarmos conscientes de que nunca participamos de guerras, e nunca nos armamos para matar nossos semelhantes, pois somos da paz.

5 – RIQUEZA
É vivermos felizes e satisfeitos com o que a vida nos oferece e seguir adiante nas estradas da vida com sabedoria.

6 – NOBREZA
É fazermos da ingratidão um incentivo ao perdão.

7 – FELICIDADE
Uma noite de Lua Cheia, uma fogueira, um violão, uma voz para cantar e muitos ciganos a bailar.

Os 12 Mandamentos Ciganos

1 – Amar a Deus acima de tudo e respeitar os santos
2 – Respeitar a Semana Santa
3 – Respeitar todas as religiões que elevam o nome de Deus
4 – Ajudar a todos que precisam
5 – Amar e respeitar todas as crianças
6 – Amar e respeitar os mais velhos, não desprezando sua sabedoria
7 – Não mostrar o corpo
8 – Não se prostituir
9 – Manter fidelidade entre casais
10 – Não se envergonhar da sua origem
11 – Não deixar de praticar o dom da adivinhação com seriedade
12 – Nunca trair seu povo

Dias Comemorativos dos Ciganos

24 de Maio – Dia Nacional dos Ciganos
24 de Maio – Festa Oficial de Santa Sara Kali
12 de Outubro – Dia de Nossa Senhora de Aparecida, Padroeira dos Ciganos no Brasil
11 a 14 de Julho – Assembleia Nacional da Pastoral dos Nômades
24 de todos os meses – Corrente de Santa Sara Kali

Natal dos Ciganos

Para os ciganos, o Natal é uma data como em qualquer outra família, quando comemoram o nascimento do Menino Deus.

Para muitas famílias ciganas é um momento muito especial para reunir toda a família.

Vêm pessoas da família de todos os lados e, ao se encontrarem, eles festejam o nascimento de Cristo com muita música, mesa farta regada a um bom vinho e muitas cantorias e danças.

Todos muito alegres e com muito colorido.

Páscoa dos Ciganos

A Páscoa para os ciganos é também de extremo respeito, por se tratar de um período de renovação.

Os ciganos agem normalmente durante toda a semana, reservando a sexta-feira para orações durante o dia todo.

No sábado de aleluia fazem rituais de purificação através do fogo.

Prepara-se um banho de purificação com água da fonte, do rio e de cachoeira, misturando ervas perfumadas.

Sendo assim, chega o domingo de Páscoa e todos se levantam muito cedo, antes de o Sol chegar, para receber a energia de renovação de uma vida de amor, união e prosperidade.

Frases para Meditar

Às vezes a vida oferece momentos de tantos sofrimentos, que é então quando criamos coragem e partimos para a luta.

De repente você nota que deixou passar tanto tempo, e só agora descobriu que pela dor você é capaz, e que pode, sabe por quê? Porque você venceu, superou todos os obstáculos da vida e descobriu qualidades que desconhecia dentro de você mesma.

Portanto, meu caro leitor, nunca esmoreça perante o sofrimento, porque você jamais aprenderá a se levantar se não cair, jamais saberá vencer se não for à luta, e jamais vencerá se não sentir na própria pele que a dor é muitas vezes a força que nos faz lutar e vencer.

Não devemos perder a paciência, pois ela é a arte da esperança.

Escolha bem seus inimigos, para não dar a qualquer um a honra de enfrentá-lo.

Enquanto o coração esconde o que conseguimos dizer, os olhos revelam aquilo que tentamos esconder.

O que você deve ou não fazer, só você pode resolver, porque as consequências dos seus atos chegarão, e você vai descobrir que elas serão apenas suas.

Hoje eu moro dentro de mim e só entra quem eu quero. Não expulso ninguém da minha vida, apenas organizo seus lugares.

Não deixe a preocupação levá-lo à depressão, use sua ação.

Tudo passa e a chuva também passará, e você verá que o Sol voltará a brilhar e o fará sorrir novamente.

Nossos sofrimentos físicos acabam nos trazendo períodos de depressão, mas use a paciência e a sabedoria porque nada vem para ficar para sempre, mesmo porque a depressão é a raiva sem entusiasmo.

Coloque sempre sua vida em primeiro lugar, mesmo que as circunstâncias sejam difíceis.

Quando acordar, agradeça a Deus pelo dom da sua vida, pela oportunidade de abrir os olhos e sentir a beleza do poder viver mais um dia.

Viva intensamente cada minuto da sua vida, de uma forma que possa dizer: "Valeu a pena ter nascido".

Conselhos e Dicas dos Ciganos

Quando alguém bate a cabeça em algum lugar e faz um calombo, pegue imediatamente uma faca e cruze três vezes, fazendo uma cruz no local e, em seguida, finque a faca na terra três vezes.

Todas as vezes que comer ovos, deve quebrar a casca e jogar no lixo.

A codorna para os ciganos é uma ave que traz mau presságio.

Toda pessoa que encontrar uma fita vermelha ou uma faixa ou até um pedaço de pano nessa cor terá sorte no amor. Guardar como se fosse um amuleto, fazendo pedidos de amor.

Se achar ou ganhar uma chave, significa sorte no amor. Mas, antes de pegá-la, deve-se fazer um pedido de amor.

Chaves antigas são fortes amuletos. Quem as tem, consegue descobrir segredos e mistérios e terá muita sorte em tudo que vier a fazer.

Homenagem

Quero, por meio deste livro, homenagear uma pessoa que eu aprendi a amar, e tenho por ela um carinho muito especial. Uma criatura que sabia levar alegria a todos com um sorriso que espalhava em todos os lugares nos quais se fazia presente. Um sorriso que lhe dava autoridade e beleza.

Seus gestos e seu sorriso estão encantados e podem ser vistos em cada criança e em cada coração aberto de amor.

Esteve nos últimos tempos tão presente em minha vida e na vida das minhas filhas e do meu marido.

Deus sabe de todas as coisas. Ele nos deu a oportunidade de nos amarmos tanto, tanto, e fomos tão felizes.

Ela gostava dos meus trabalhos e gostaria de ter o nome dela neste livro. E é com carinho, embora com o coração triste, que presto à minha irmã Silvana Munhé Corrêa esta homenagem.

Hoje ela está presente nos nossos corações, mas se foi. Dormiu e acordou no plano espiritual, onde com certeza foi recebida com muita luz.

Sua despedida nos remete a uma mistura de pranto e sorriso. Nosso pranto é de dor e de saudades, mas a lembrança que Silvana nos deixa é de sorriso, de alegria e de felicidade, pois era constante, intensa em todos os momentos, e ela soube deixar entre nós a marca de sua personalidade inesquecível.

Minha querida, meu amor, que Jesus lhe dê muita luz, muita paz, e que você possa estar bem. Vou sempre vê-la através de uma estrela no céu.

Nosso amor por você é eterno e eu sempre vou amá-la, por toda a minha vida eu vou amar você, minha amada, querida e eterna irmã.

SILVANA
IRMÃ... AMO VOCÊ!
NÓS AMAMOS VOCÊ!

Elizabeth da Cigana Núbia.

Leitura Recomendada

Clãs Ciganos de Luz do Astral
Marcelo Ruiz e Solange Magrin Ruiz

Os ciganos são conhecidos como filhos da natureza; como eles mesmos dizem, seu teto é o céu, sua luz são as estrelas e a sua religião é a liberdade. Creem em Deus (Dhiel) e são devotos de Santa Sara Kali.
Dom Fernando e Isabelita, quando viviam no acampamento cigano do clã ao qual pertenciam no mundo material, realizavam curas utilizando banhos, chás, cristais, encantamentos, rituais, tônicos, unguentos e elixires. Hoje, eles estão no plano espiritual e transmitem seus conhecimentos ao casal Solange e Marcelo Ruiz, que reuniram nesta obra os ensinamentos dos *Clãs Ciganos de Luz no Astral*.

Magias e Encantamentos Ciganos
Elizabeth da Cigana Núbia

Esse livro ensina o leitor a fazer magias e simpatias da tradição cigana, que poderão ser úteis em diversas situações que necessitem das forças cósmicas do Universo, as quais podem ser ativadas por todo aquele que acredita nessa energia etérea. A autora enfatiza que tudo em nossa vida tem um tempo certo para acontecer. Por isso, até mesmo quando praticamos uma magia ou fazemos uma simpatia, é preciso ter calma, fé, otimismo, paciência, equilíbrio e a certeza de que conseguiremos tudo de acordo com o nosso merecimento.

O Poder dos Clãs Ciganos
O Livro dos Encantamentos

Marcelo Ruiz e Solange Magrin Ruiz

Quando falam em ciganos, logo todos vislumbram um grupo de pessoas alegres, com roupas coloridas, muitas joias e outros adereços. Isto é verdade, é a característica da vestimenta do nosso povo; mas, acima de tudo, somos fortes, honrados, sábios, alegres e muito supersticiosos. Com o aprendizado passado por nossos mentores ciganos, *O Poder dos Clãs Ciganos* se torna um valioso tesouro para todos os que estão interessados em conhecer um pouco dos costumes desse povo encantado e que queiram também se autoajudar. Lacho Drom!

www.madras.com.br

Leitura Recomendada

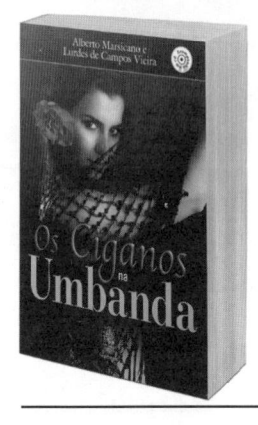

Os Ciganos na Umbanda
Alberto Marsicano e Lurdes de Campos Vieira

Assim como ocorre nas demais linhas, legiões e falanges que atuam na Umbanda, também os espíritos ciganos estão a serviço do mundo astral, sustentados por seus hierarcas, que são espíritos antigos e evoluídos de seu povo. Essa linha ou corrente cigana é ampliada com o acolhimento de espíritos ciganos ou de espíritos não ciganos, mas que possuem afinidade com esse povo e são merecedores de trabalhar no contexto espiritual. Embora não tenham tido seu alicerce espiritual na Umbanda, são detentores de uma riquíssima tradição magística, conhecem os mistérios da Mãe Natureza e manifestam-se na incorporação há bastante tempo, em rituais próprios.

Prova de Fogo
O dia a dia em um terreiro de Umbanda e Candomblé
Nívio Ramos Sales

Prova de Fogo é uma obra fascinante que foi transformada em filme em 1980, com a participação de Maitê Proença, Elba Ramalho, Pedro Paulo Rangel, entre outros artistas; o roteiro era do novelista Agnaldo Silva e a direção de Marco Altberg. A obra apresenta diversos relatos do autor Nívio Ramos Sales, que conta as experiências de seu dia a dia no terreiro de Candomblé ao mesmo tempo em que vivencia as situações de sua vida particular, como marido e como cidadão comum.

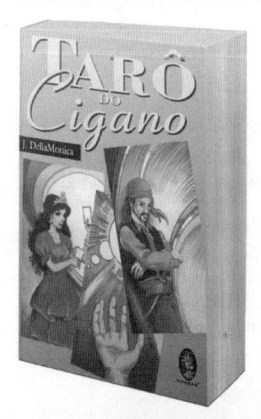

Tarô do Cigano
J. DellaMonica

Finalmente o leitor brasileiro tem em mãos o mais antigo, completo, autêntico e bem elaborado texto sobre o afamado Tarô Cigano. Essa esmerada edição contém 36 cartas coloridas, em que estão as respostas às dúvi-das, às perplexidades, às perguntas que todos nós formulamos – na verdade, às per-guntas que temos de formular se quisermos ser os senhores de nosso destino.
Tarô do Cigano é um livro para ser utilizado sempre, uma obra para presentear, uma obra que será nossa estrela-guia, necessária e amiga, fiel orientadora de nossos pas-sos e de nossas decisões. Realista, fundamentada, de valor perene – uma obra para o público adulto e inquieto de nossos tempos.

www.madras.com.br

Leitura Recomendada

Fundamentos Doutrinários de Umbanda
Rubens Saraceni

Nessa obra, Rubens Saraceni explica com desenvoltura fundamentos ritualísticos e doutrinários dessa religião centenária, com destaque para a cosmogênese umbandista e seus Orixás, discorrendo sobre suas firmezas, irradiações, oferendas e seus assentamentos, bem como aborda de modo claro as Sete Linhas de Umbanda. Outro ponto importante é a Escrita Mágica Divina, que se trata da própria escrita dos Orixás, e que os Guias chefes, com ordens de trabalho, riscam e ativam o poder das divindades por meio da magia riscada umbandista.

O Guardião da Meia-Noite
Por Honra e Glória do Criador de tudo e de todos

Rubens Saraceni

Guardião da Meia-Noite, seja bem-vindo! A Madras Editora está muito orgulhosa com a sua chegada. Leitor, é dado o momento de você conhecer este magnífico romance de Luz, psicografado pelo grande Mestre Mago Rubens Saraceni, inspirado por Pai Benedito de Aruanda. Ao ler esta obra, você entrará em um mundo que deve ser sentido, explorado e vivido e que tem a intenção de fazê-lo evoluir na sabedoria do conhecimento Divino.

História da Pombagira Princesa dos Encantos
Rubens Saraceni

História da Pombagira Princesa dos Encantos é um romance que se passa há muito tempo e nos remete a uma época mítica, impossível de ser detectada nos livros de história. Nessa magnífica narrativa, em que não faltam os elementos marcantes dos clássicos da literatura mítica e das lendas, o embate entre personagens fortes é tão envolvente que não conseguimos parar de ler. Em Princesa dos Encantos, Rubens Saraceni nos mostra a lapidação de uma alma, tal qual um diamante bruto, e a sua trajetória rumo à Luz!

www.madras.com.br

Este livro foi composto em Times New Roman, corpo 11,5/13.
Papel Offset 75g
Impressão e Acabamento
Orgráfic Gráfica e Editora — Rua Freguesia de Poiares, 133
— Vila Carmozina — São Paulo/SP
CEP 08290-440 — Tel.: (011) 2522-6368 — orcamento@orgrafic.com.br